Impactos de la inflación en la toma de decisiones directivas y en la información financiera de las empresas

Impactos de la inflación en la toma de decisiones directivas y en la información financiera de las empresas

Joaquín Añó Montalvá
Álvaro Joaquín Añó Pérez

Impactos de la inflación en la toma de decisiones directivas y en la información financiera de las empresas

Primera edición: 2024

ISBN: 9788410066014
ISBN eBook: 9788410066854
Depósito legal: SE 1027-2024

En recuerdo a TOYA: excepcional madre, excelente mujer y extraordinaria persona. Eterna en nuestros corazones y en nuestra memoria.

Índice

Resumen

El año 2022 ha sido, para una gran parte de las empresas españolas, un año complejo, duro y difícil en su gestión económica-financiera y patrimonial, después de una profunda crisis sanitaria y de los efectos que a partir de febrero de ese mismo año sigue teniendo la guerra entre Rusia y Ucrania.

Hacía muchos años que en nuestro país la dirección y administración de empresas no se enfrentaba al reto de una subida rápida, intensa y prolongada (RIP) de precios en su entorno, tras una época de deflación y una muy larga de tipos de intereses negativos.

La llegada de una inflación casi olvidada tenía efectos que eran incalculables, pero que hacían adivinar ciertas tendencias marcadas por las consecuencias que estábamos teniendo, con el paso del tiempo ya llegan a poderse cuantificar.

El objetivo del trabajo es analizar los efectos de este incremento de precios (sustanciales además de persistentes) en la presentación de la información financiera que las empresas deben de preparar cada año, así como analizar el impacto que esta situación ha provocado en la toma de decisiones en algunas empresas que componen nuestra observación. Al ser un análisis *a posteriori*, puede ser una guía (una orientación) para aplicarse en años venideros en que puedan darse estas mismas o parecidas circunstancias, aunque no deseemos que vuelvan.

La relevancia de este tema está justificada por el hecho de que en los análisis empresariales se han introducido ciertas variables que podríamos calificar como nuevas, y que afectan a la interpretación de estos, por lo que es necesario aislarlas para un correcto análisis.

De hecho, destacamos como retos empresariales nuevos en la presente década: la COVID-19, la persistente inflación y la guerra geopolítica-económica. A todo ello han debido y deben hacer frente los órganos de decisión de las empresas.

Nuestros resultados revelan que las grandes empresas de los sectores más importantes de nuestro país, por lo general, han sabido aprovechar esta situación, tarea complicada debido a los efectos diversos que tiene la inflación, dependiendo de las cuentas que queramos analizar, apoyándonos en un análisis de ratios y de los comentarios realizados por los directivos respecto al cambio entre el año 2021-2022.

Palabras clave. Inflación, impactos, decisiones empresariales, información financiera y cuentas anuales.

1.

Introducción

Los últimos años han supuesto una verdadera revolución en el mundo de los negocios. Las consecuencias de la pandemia, de la guerra de Rusia a Ucrania y la inflación han sido tres hechos que han llevado a que las organizaciones empresariales hayan tenido que poner en marcha acciones que eviten consecuencias no deseadas.

Este estudio se centra en cómo la inflación afecta la información corporativa, reconociendo que usualmente el aumento de precios conduce a una contracción económica. Sin embargo, la respuesta a la inflación varía significativamente entre países. Por ejemplo, en Argentina, la inflación ha tenido efectos prolongados y profundos en individuos, empresas e instituciones. En España, el Índice de Precios al Consumo (IPC) superó el 10 % en julio de 2022, un nivel no visto en más de tres décadas, cota que se ha ido reduciendo al cierre de 2023 en que la cifra se ha situado en el 3,5 % anual.

Ello ha provocado que en nuestro país hayamos escuchado expresiones de algunos dirigentes empresariales en la presentación de los resultados al calificar la gestión durante el ejercicio 2022 de «complicada», «la más difícil», o «como una película o una serie de terror». Estas expresiones que suenan quizás algo exageradas (el mayor hito, la primera vez, hacer historia . . .) han sido un detonante para despertar en nosotros el interés de estudiar el impacto de la inflación en la información corporativa en España y en su toma de decisiones.

La similitud entre los efectos de la pandemia y la inflación ha llevado a algunos a acuñar el término «pandemia económica», reflejando así el alcance global y la persistencia actual de la inflación.

El principal motivo de este estudio con el título de *Impactos de la inflación en la toma de decisiones empresariales y en la información financiera empresarial* es el interés que lógicamente despierta el nivel de inflación que hemos vivido y el deseo de analizar sus consecuencias económicas, las formas de mitigar sus efectos, el servir de orientación en futuros desequilibrios de precios, cómo se ha reflejado en ventas, resultados y márgenes, básicamente.

La actualidad de este tema, las dificultades en la gestión empresarial del año 2022 y el impacto en un número determinado de empresas (a modo de evidencia empírica) han sido las razones que hemos considerado interesantes analizar.

Por ello, este motivo que se convierte en el objetivo general, se materializa en varios objetivos específicos. El primero de ellos es revisar la evolución de la inflación en las últimas décadas y obtener una fotografía del proceso inflacionista desde los años sesenta hasta la actualidad. Este análisis servirá como marco teórico para nuestro estudio.

El segundo objetivo específico consiste en analizar cómo la inflación intensa y persistente, tras un período sin incrementos significativos de precios y con tipos de interés negativos, influye en las decisiones, opiniones y gestiones de los dirigentes empresariales.

El tercer objetivo específico se enfoca en evaluar si la revalorización o actualización de activos, una estrategia utilizada en España durante los años ochenta y en otros momentos hasta 2012 para contrarrestar los efectos de la inflación en las empresas, podría ser nuevamente eficaz en el contexto actual. Revisar las normativas habidas con coste fiscal o sin él y su impacto en el patrimonio empresarial a través de la creación de reservas de revalorización (o actualización).

14

El índice de precios al consumo acumulado a 2022 se ha visto incrementado en un 3,5 % adicional en el año 2023. Se modera, pero no lo suficiente.

El cuarto objetivo específico es analizar en qué medida la inflación deteriora la comparabilidad de los estados financieros por el impacto de los incrementos de los valores de mercado que no son activos y pasivos financieros valorados a valor razonable, y de la pérdida del valor adquisitivo por la merma que incorpora la inflación en las partidas monetarias y no monetarias.

Y, por último, estudiar qué áreas del balance y de la cuenta de pérdidas y ganancias son más sensibles al impacto del incremento de precios, centrándonos en algunas empresas o sectores de la actividad empresarial española.

Ello permitirá, de alguna manera, poder ver hasta qué punto algunas opiniones publicadas de directivos empresariales como «el año más duro en la gestión», «los márgenes empresariales se han reducido» . . . encuentran justificación en términos de rentabilidad, márgenes, liquidez y solvencia.

La metodología empleada para este quinto objetivo específico ha sido analizar la información económico-financiera de las empresas más representativas de cada uno de ellos sobre la base de los instrumentos de análisis de estados financieros más reconocibles y utilizados. La elección también ha sido guiada por aquellos sectores en que la variación de precios y la estructura de gastos de los hogares españoles ha sido más relevante.

La estructura seguida es la siguiente: tras esta introducción que resalta la oportunidad del tema y sus objetivos, la sección segunda analiza el marco teórico de la inflación, la evolución y las experiencias en España desde hace unas décadas.

El tercer apartado analiza las opiniones de directivos empresariales de diferentes sectores y empresas en torno a sus sensaciones acerca de la gestión en 2022, la evidencia de su veracidad a la luz de los datos y qué áreas de las organizaciones empresariales han estado más expuestas al proceso inflacionista.

La cuarta sección expone las medidas o decisiones públicas adoptadas en anteriores ciclos de importante inflación con efectos en los balances de las empresas españolas y nos preguntamos si siguen siendo medidas que se deberían adoptar.

En la sección quinta, sexta y séptima, analizamos las rúbricas del balance y de la cuenta de resultados y el grado de impacto de la inflación y de las posiciones que presentan los estados financieros al cierre del ejercicio 2022 en relación con los del ejercicio anterior (2021) en términos de rentabilidad, márgenes, liquidez y solvencia de las empresas y sectores que componen nuestra observación.

A lo largo de 2023 muchas economías han continuado experimentando tasas de inflación elevadas observando las características siguientes:

Persistencia de la inflación postpandemia: una tendencia que comenzó durante la pandemia de COVID-19, con interrupciones en la cadena de suministro y con cambios en los patrones de consumo fueron factores clave.

Políticas monetarias ajustadas: en respuesta a la inflación sostenida, varios bancos centrales, incluyendo la Reserva Federal de EE.UU. y el Banco Central Europeo, implementaron políticas monetarias más estrictas. Esto incluyó aumentos en las tasas de interés para frenar la inflación, lo que tuvo un impacto significativo en los costes de endeudamiento y el gasto de los consumidores. En cambio, ha seguido teniendo un efecto positivo en la presentación de los resultados de 2023 de las entidades bancarias conocidas hasta enero 2024, que ponen de manifiesto la obtención nuevamente de beneficios récords.

Fluctuaciones en los precios de la energía: los precios de la energía han continuado siendo un factor importante en 2023. La inestabilidad geopolítica, especialmente en regiones productoras de petróleo, tuvo un impacto directo en los precios del petróleo y, por ende, en la inflación general.

Presiones en la cadena de suministro global: aunque hubo algunas mejoras en comparación con 2022, las cadenas de suministro globales siguieron enfrentando desafíos debido a la demanda reprimida y a los cuellos de botella logísticos. Esto afectó los precios de numerosos bienes, desde materias primas hasta productos terminados.

Cambios en el mercado laboral: El mercado laboral en muchas economías desarrolladas se mantuvo ajustado, con tasas de desempleo relativamente bajas y aumento en los salarios. Esto, a su vez, contribuyó a la inflación, ya que las empresas pasaron los mayores costes laborales a los consumidores.

Impacto de las políticas fiscales: las políticas fiscales expansivas adoptadas por varios Gobiernos para combatir los efectos económicos de la pandemia continuaron teniendo un efecto rezagado en la inflación de 2023. El alto gasto público en algunos países alimentó la demanda agregada, ejerciendo presión sobre los precios.

Expectativas de inflación: las expectativas de inflación se mantuvieron elevadas en 2023. La percepción de que la inflación seguiría siendo alta pudo haber influido en las decisiones de fijación de precios de las empresas y en las negociaciones salariales, creando un ciclo de retroalimentación que perpetúa la inflación.

Impacto del conflicto geopolítico: los conflictos geopolíticos, incluyendo las tensiones continuas relacionadas con la invasión rusa de Ucrania, tuvieron un impacto directo e indirecto en la inflación global, afectando tanto los precios de la energía como la estabilidad de las cadenas de suministro. También surgió un nuevo conflicto en Oriente Próximo entre Israel y Palestina y el más reciente de dificultar el tráfico en el Mar Rojo en enero 2024.

Son breves apuntes del recién año que nos ha dejado, pero sin ser objeto de estudio ni de conclusiones.

Por último, presentamos las conclusiones alcanzadas referidas a 2022.

2.

Entorno macroeconómico: inflación y evolución en las últimas décadas

Para comprender el concepto de inflación resaltamos la definición del Banco Central Europeo cuando señala que:

> en una economía de mercado los precios de los bienes y de los servicios están sujetos a cambios. Algunos aumentan y otros disminuyen. Existe inflación cuando se produce un aumento general de los precios, no solo de artículos individuales, que da como resultado que por cada euro puedan adquirirse hoy menos bienes y servicios que ayer. Es decir, la inflación reduce el valor de la moneda con el tiempo.

Aunque con esta definición podríamos llegar a entender a qué se refiere, hay determinados bienes y servicios que las familias consumen de manera más frecuente, por lo que para cuantificar se elabora una cesta en la que se recoge el cambio en el precio de artículos de consumo diario (alimentos, gasolina . . .), bienes de consumo duradero (prendas de vestir, ordenadores . . .) y servicios (peluquería, seguros, etc.).

Con el objetivo de controlar los precios para evitar un desequilibrio y que no afecte a los agentes económicos en gran medida, el

Banco Central Europeo (BCE) presenta como objetivo único el de garantizar la estabilidad de precios en la Unión Económica y Monetaria (UEM).

El porcentaje que estipula el BCE para regular la inflación de todos los países miembros tiene que ser «bajo, estable y predecible: 2 % a medio plazo» (véase pág. web del Banco Central europeo nota de prensa 16 marzo 2023).

En Europa, este registro de la inflación se mide con el IPCA, que son las siglas de Índice de Precios de Consumo Armonizado, para conseguir que todos los países apliquen la misma metodología y así realizar un seguimiento adecuado de la evolución de los precios en la economía.

Con este objetivo en mente, se hace imprescindible la regulación y la implementación de mecanismos de ajuste. Entre las estrategias del Banco Central Europeo destaca la Política Monetaria (PM) como herramienta principal al apoyar la consecución de este objetivo mientras no se comprometa la estabilidad de precios.

Si nos centramos en el caso de España, observar la inflación durante varias décadas hace imposible no referirnos a un término muy presente en los años previos a volver a un escenario inflacionista: la deflación, que, debido a un desajuste entre la oferta y la demanda, produce que el precio de los bienes y servicios bajen.

Las situaciones de deflación crean ciertos riesgos, entre los que destacamos una incapacidad de generar tipos de interés reales negativos que estimulen la inversión y el consumo. Las expectativas de descensos adicionales de precios incentivan la congelación del gasto, acentuando la insuficiencia de demanda y un incremento del coste real de las deudas.

El siguiente aspecto al que queremos referirnos es al tipo de interés y su modulación.

Tabla 1: Modificaciones instrumentales BCE

Modificaciones instrumentales BCE	En qué consisten
Operaciones de mercado abierto	Estas son subastas de depósitos a tipo de interés variable. Representa la fuente básica de provisión de liquidez en el Eurosistema.
Facilidades permanentes	Facilidades de crédito: Préstamo del BCE a un día a entidades financieras solicitantes. Facilidades de depósito: permite a los bancos depositar saldos al BCE.
Coeficiente de caja	Depósito obligatorio de un porcentaje de los activos de los bancos como función de garantía (1 % actualmente).

Dependiendo de la política económica que busque el BCE, se pueden combinar todas estas modificaciones instrumentales y elegir la que mejor se adecue a las necesidades económicas del momento.

No se usarán las mismas herramientas ante un repunte inesperado de la inflación que en el caso de encontrarnos en un buen momento en la economía donde haya que fomentar el ahorro y la inversión.

Existen ciertos problemas que afectan directamente a la inflación debido al desfase entre el momento en que la inflación se desvía del objetivo y el momento en que las medidas de política monetaria adoptadas para corregir la desviación surten efecto sobre la economía.

Tabla 2: Retardos en la economía

Tipos de retardos	En qué consisten
Retardo de la información	El lapso entre el momento en que la inflación se desvía del objetivo y el momento en el que BCE recibe esa información.
Retardo en la ejecución	Tiempo que transcurre desde que llega la información al BCE hasta que se ejecuta la medida de PM adecuada.
Retardo de la respuesta de la economía	Periodo entre la medida de PM y el momento en que tiene su efecto en la economía

Imaginemos un escenario en el que empiezan a subir los precios de tu supermercado de confianza, el restaurante al que vas tiene un menú más caro, las gasolineras tienen precios cada vez más altos, te quieres ir de viaje, pero ves que los importes son desorbitados (retardos de la información).

Este cambio no es de golpe, es progresivo, y aunque se den cuenta en los siguientes meses, las autoridades bancarias se ponen a discutir las medidas que se podrían adoptar. Aunque, claro, no saben si es un caso puntual o se puede producir una escalada de este problema (retardo en la ejecución) que, sumado a uno de los mayores defectos de la Unión Europea, la gran lentitud a la hora de tomar decisiones (también llamada «Euroesclerosis»), impiden una respuesta rápida y eficiente.

Al final llegan a un acuerdo y deciden subir los tipos de interés (una de las medidas para mitigar la inflación) y los bancos centrales establecen los nuevos parámetros, aunque, claro está, si no se soluciona en la primera subida, tendrán que esperar otro mes para poder ejecutar otra subida (retardo en la respuesta de la economía).

Con este ejemplo pretendemos demostrar que los retardos son un gran factor por tener en cuenta, ya que pueden pasar meses (incluso años) en conseguir solucionar tal problemática.

La realidad de los retrasos en la toma de decisiones se refleja claramente en los gráficos 1 y 2. Como se puede observar, no se tomó una decisión concreta hasta que el Índice de Precios al Consumo (IPC) alcanzó aproximadamente el 7 % en julio de 2022. Desde ese momento, se ha estado ajustando el tipo de interés. Este proceso de ajuste ha continuado hasta octubre de 2023, período durante el cual, tras tres reuniones consecutivas de los Bancos Centrales, parece que ha alcanzado un punto máximo. A partir de aquí, se anticipa una disminución de las tasas de interés, aunque a un ritmo más lento.

Observamos que el entorno macroeconómico con el que nos hemos enfrentado las economías domésticas y las empresariales ha tenido parecidos indicadores de inflación, parecidos instrumentos de política monetaria, parecidos problemas de retardos en las distintas zonas geográficas, con distintos bancos centrales responsables de controlar la inflación en las áreas de influencia de sus políticas, con distintas fechas en la toma de decisiones y de distinta intensidad en la subida de tipos, pero con fuerte impacto en la población por el deterioro del poder adquisitivo de sus rentas y con impacto en las empresas de cómo gestionar, más que sus ganancias o pérdidas monetarias, la alta repercusión en el importe de la cifra de negocios y de los incrementos de costes a precios corrientes con algún recurso (sobre todo de suministros de energía) que se ha obtenido en mercados disruptivos.

Ilustración 1: Evolución tasa IPC interanual
en la zona euro 2019-2023

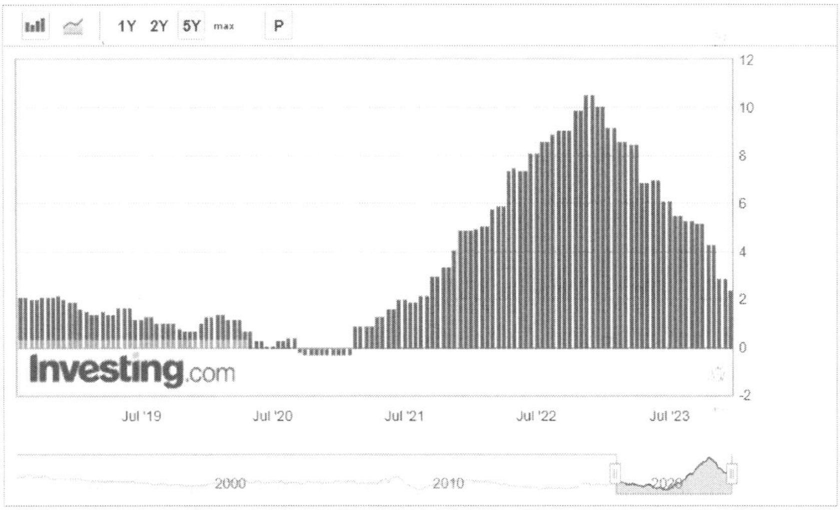

Fuente: Investing.com

Ilustración 2: Decisión BCE sobre tipos de interés 2022 y 2023

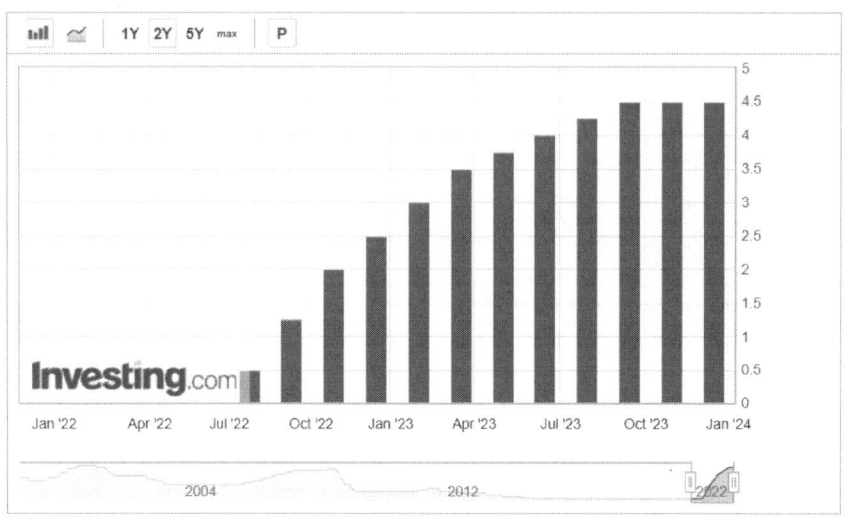

Fuente: Investing.com

2.1 CONTEXTO A FINALES DEL AÑO 2023

En el contexto europeo se produce un aumento de la inflación hasta el 2012, tras explotar la crisis financiera y estallar la gran problemática de precios que había en todo el mundo, nos adentramos en un periodo de deflación hasta 2020 con una inflación prácticamente nula, que junto a unos tipos de interés ridículos, fueron un antecedente para el *rally* inflacionista que se produjo con la llegada de la pandemia (la COVID-19), que, debido a los cuellos de botella que se generaron en una gran cantidad de empresas y la tardía respuesta de las instituciones europeas al repunte, produjeron una subida de precios en la mitad del 2021.

Esta inflación ya era preocupante, pero hubo otro incidente que marcó otro repunte: «La invasión de Rusia a Ucrania», que tuvo tanta repercusión debido a la dependencia en la importación de la energía (sobre todo rusa) en toda Europa.

Otro problema que esta situación genera es el relacionado con los canales de transmisión. Es decir, la aplicación de una política monetaria única para todos los países de la zona euro. Al realizarse una misma medida de política monetaria en varios países de manera casi simultánea, los efectos pueden variar según la economía y pueden transmitirse con distinta intensidad. Con el pretexto de que cada economía parte de una situación diferente, la toma de decisiones se tiene que hacer con mucha cautela por parte del organismo regulador para evitar disparidades.

A pesar de estas complicaciones, encontramos que los países dentro de la UEM desde su incorporación han sabido «controlar esta inflación» de manera bastante acertada.

Desde 1960 hasta ahora, lo que supone un horizonte temporal de más de seis décadas, se observa en España, Portugal y Alemania el comportamiento de la inflación en las ilustraciones 3, 4 y 5 que muestran datos interesantes.

Ilustración 3: Inflación en España 1960-2022

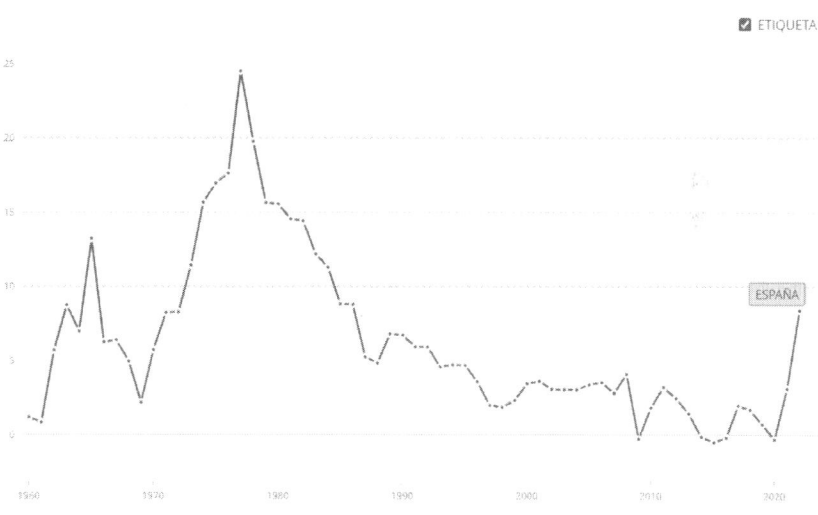

Fuente: datos.bancomundial.org

Ilustración 4: Inflación en Portugal 1960-2022

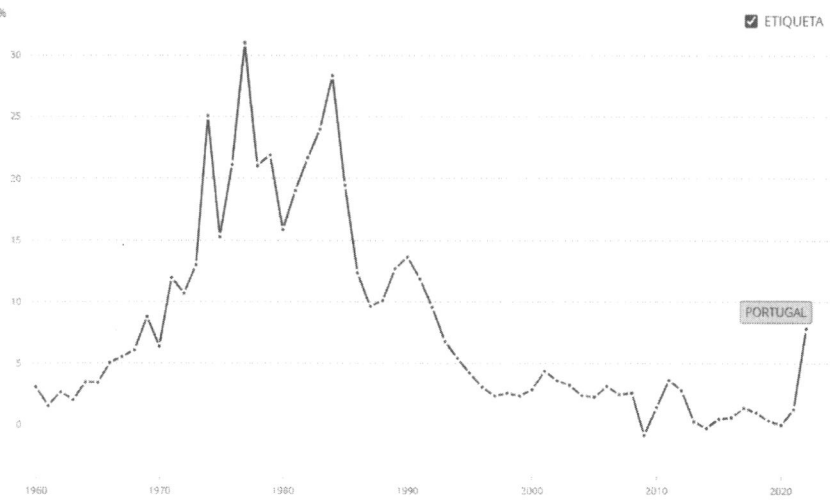

Fuente: datos.bancomundial.org

Ilustración 5: Inflación Alemania 1960-2022

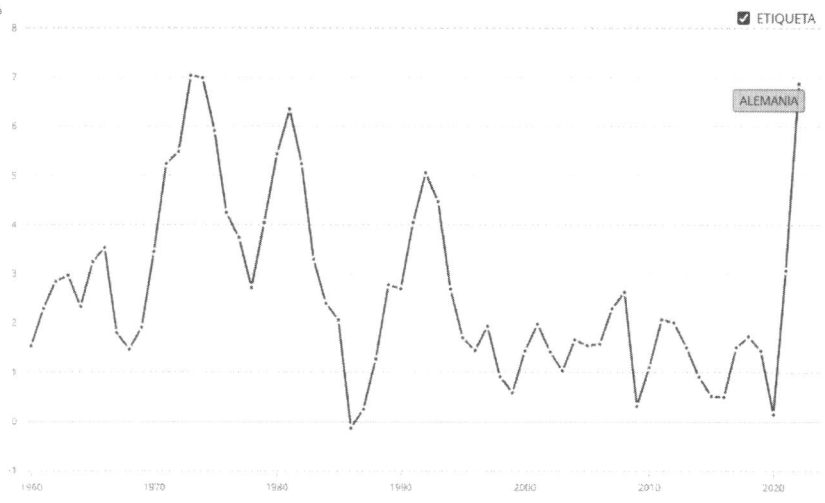

Fuente: datos.bancomundial.org

Tras la entrada de España y Portugal, que eran dos países con gran inflación (como se ve en años previos al 1986), consiguieron adaptarse para consolidar la inflación cerca del parámetro establecido por el BCE del 2 %. Tal y como se observa en los gráficos 3 y 4.

Vemos que desde 1960 el pico de inflación de Portugal es del 30 % y de nuestro país del 25 % frente al gran dominador Alemania con una máxima del 6,3 %. Ahora llama la atención los niveles en los que se sitúa Alemania en esta comparación reciente.

En definitiva, la inflación ocasiona un gran impacto en la vida de las personas en función de las rentas de éstas y del aumento alcanzado por el IPC. Afecta también a las empresas que dirigen sus productos al mercado de consumidores porque les afecta el encontrarse con las tensiones de liquidez y la necesidad de ahorro de costes en sus compras e inversiones por parte las unidades familiares (consumidores).

Dificultad doble para unidades familiares y empresariales endeudadas porque el instrumento de política monetaria para mitigar la inflación consiste en el aumento de los tipos oficiales de interés y la rápida réplica que este aumento provoca en los costes de financiación en el mercado monetario y de crédito.

2.2 DESGLOSE DE LA INFLACIÓN POR SECTORES DE ACTIVIDAD

Como sabemos y hemos comentado antes, la inflación se mide con el incremento del precio de una cesta ponderada entre los diferentes bienes y servicios que las familias consumen de manera más frecuente. Pero surge la necesidad de ver el desglose y saber cuáles se ven más afectados y cuáles no, ya que el IPC es un número concreto que nos da solo una aproximación a la evolución general de los precios.

Ilustración 6: Evolución de precios y estructura de gasto de los hogares españoles

	Variación del IPC		Estructura de gasto EPF-2021		
	2021 %	2022 %	Media %	Desviación estándar	Mediana %
1. Alimentos y bebidas no alcohólicas	1,8	11,6	24,84	0,14	23,13
2. Bebidas alcohólicas y tabaco	0,3	3,9	2,26	0,05	5,60
3. Vestido y calzado	1,0	2,7	4,85	0,06	2,66
4. Alquiler de vivienda	0,6	1,3	4,04	0,11	0,00
5. Gastos en vivienda y agua	1,3	4,2	5,88	0,06	4,04
6. Electricidad	35,6	26,8	4,82	0,04	3,74
7. Gas natural	4,9	19,2	1,33	0,03	0,00
8. Otros combustibles líquidos	26,5	72,5	0,91	0,03	0,00
9. Muebles y equipamiento del hogar	0,9	5,8	5,40	0,07	3,28
10. Sanidad	0,7	1,1	5,00	0,08	1,81
11. Turismos, motos y mantenimiento	1,8	7,2	5,42	0,12	3,60
12. Carburantes de automoción	16,0	22,4	4,67	0,07	0,29
13. Transporte público	-1,1	-0,9	0,78	0,03	0,00
14. Comunicaciones	-1,3	-3,0	4,68	0,04	3,87
15. Ocio y cultura	0,2	2,8	4,82	0,07	2,28
16. Enseñanza	0,2	1,2	1,32	0,04	0,00
17. Hostelería y restauración	0,9	6,4	8,25	0,11	4,20
18. Cuidados personales	0,0	4,2	3,88	0,04	2,70
19. Cuidado de mayores y dependientes	1,3	3,4	0,22	0,03	0,00
20. Seguros y otros servicios	2,7	2,5	6,21	0,06	4,76
Total grupos de gasto	3,1	8,4	–	–	–

Fuente: funcas.es

Después de examinar la ilustración proporcionada por Funcas basada en los datos del Instituto Nacional de Estadística (INE), es posible analizar el impacto porcentual de la inflación en los distintos componentes de la cesta de bienes y servicios del Índice de Precios al Consumo (IPC).

Para un análisis más detallado de empresas pertenecientes a sectores, que realizaremos posteriormente, nos hemos centrado en aquellos conceptos que han experimentado mayores variaciones según estos datos. Esto nos permitirá entender con mayor precisión las razones detrás de este incremento en el análisis empresarial. Estos son:

Alimentos y bebidas no alcohólicas

2021: Hubo un aumento en el IPC del 1,8 %.

2022: La variación fue mucho más significativa, con un 11,6 %.

Este aumento considerable de casi 10 puntos porcentuales de un año para otro puede reflejar factores como incrementos en los costes de producción agrícola, alteraciones en la logística global y posibles efectos inflacionarios en la economía. Un cambio así en productos básicos puede tener un impacto directo en el presupuesto de los hogares.

Electricidad

2021: Se registró un aumento del 35,6 %.

2022: La variación fue del 26,8 %.

A pesar de una disminución en el ritmo de crecimiento, el sector de la electricidad continúa experimentando subidas notables, posiblemente debido a la dependencia de fuentes de energía volátiles y la transición hacia energías renovables, que pueden requerir inversiones y costes iniciales altos. Cabe recordar las medidas gubernamentales para su contención,

Gas natural

2021: El IPC aumentó en un 4,9 %.

2022: Hubo un incremento mucho mayor, del 19,2 %.

Este salto sugiere una tensión en el suministro de gas natural y un aumento en la demanda. También puede estar influido por la geopolítica. Cabe recordar también las medidas gubernamentales para su contención.

Otros combustibles líquidos

2021: El aumento fue del 26,5 %.

2022: Se observa un incremento dramático hasta el 72,5 %.

Este es el mayor aumento registrado entre las categorías seleccionadas y puede ser un indicador de crisis energéticas, aumentos en el precio del petróleo y sus derivados, y quizás una mayor demanda en sectores específicos. Cabe recordar las medidas gubernamentales necesarias para su contención.

Hostelería y restauración

2021: La variación fue del 0,9 %.

2022: El incremento fue del 6,4 %.

Este cambio puede reflejar una recuperación en el sector después de los impactos de la pandemia, con un retorno a la actividad normal y posiblemente un incremento en los precios debido a la necesidad de recuperar las pérdidas anteriores.

Los otros dos factores atenuantes han sido un mercado laboral robusto y la disponibilidad de ahorros acumulados durante los confinamientos.

3.

Efectos en la toma de decisiones empresariales: liquidez, solvencia y rentabilidad

Para comenzar a analizar el efecto de la inflación sobre algunas empresas españolas, vamos a seleccionar algunos pronunciamientos de directivos españoles. Concretamente, hemos seleccionado seis manifestaciones de directivos, presidentes ejecutivos o CEOs de empresas españolas relevantes de cinco sectores diferentes: agroalimentario (Anecoop), textil (Inditex), energía (Iberdrola), bancario (CaixaBank) y distribución (Mercadona y Consum) para observar cuáles han sido sus impresiones en cuanto a los retos de gestión de 2022 y las dificultades que han padecido.

Las encuestas de coyuntura que las cuatros grandes compañías de servicios profesionales realizan periódicamente a los directivos empresariales (en nuestro caso nos hemos fijado en las de Deloitte y KPMG), nos permiten comparar la percepción o la previsión con la irrupción del proceso inflacionista por parte de los dirigentes que respondieron al estudio y lo que han experimentado realmente por los efectos de la misma.

Los datos obtenidos están sacados directamente de las páginas web oficiales de las empresas y de los informes analizados, apareciendo en el apartado de referencias.

El director general de Anecoop, en la memoria de 2022, destaca la gran influencia que ha tenido la inflación en la compañía con las siguientes palabras:

> Identificamos una serie de problemas que sabíamos que podrían tener más o menos incidencia en el desarrollo de la misma: incremento de la inflación, una nueva ola de la pandemia del COVID-19 y afectación de plagas en algunas hortalizas, clementinas y kaki. La realidad fue mucho más dura de lo que preveíamos . . . Como consecuencia de todo lo anterior, la campaña 2021-2022 ha sido una de las más difíciles, yo diría que la más difícil que hemos gestionado.

Únicamente hay que añadir que el cierre de los ejercicios en esta entidad no es coincidente con el año natural, corresponde a un ejercicio partido.

La presidenta de Inditex recalca el complejo entorno que se vive. En la carta de la presidenta señala que: «La fortaleza de Inditex, su capacidad para enfrentarse a cualquier reto, incluso en los escenarios más difíciles . . . hemos completado de forma muy positiva un ejercicio en un contexto incierto y complejo».

No llega a citar la inflación como factor, pero no lo hace con ninguna variable, por lo que podemos intuir que se refiere a factores como los comentados anteriormente.

En Iberdrola, resulta curioso que el presidente no nombra en ningún momento las complicaciones que han tenido, más bien utiliza el contexto para reforzar el poder de la empresa que gestiona y así recalcar el buen momento en el que se encuentran, quizá debido a la inflación, ya que un informe en el que hablase de que ha aprovechado este problema para incrementar sus resultados respecto a años anteriores, pero a la vez alinear políticas de compromiso social no parece el mejor mensaje a transmitir a sus consumidores/socios en el contexto vivido.

En CaixaBank, en la carta del presidente del informe de gestión de 2022 destaca en gran medida el impacto generado en el banco en el que en sus propias palabras:

> ha sido un año muy trascendente para la economía y para el sector financiero. La guerra en Ucrania tuvo importantes consecuencias en Europa, que experimentó una importante desaceleración económica, un incremento de precios de la energía y posteriormente un fuerte repunte de la inflación. Como consecuencia, en la segunda mitad del año se produjo un sustancial cambio de políticas monetarias que llevó a una rápida subida de los tipos de interés, abandonando la zona negativa después de más de seis años consecutivos.

A su vez, en la carta del presidente de Mercadona destaca también estos problemas:

> Hemos tenido que reaccionar a un contexto cada vez más complejo, aún con la resaca del COVID-19 presente y, además, con el conflicto de la guerra de Ucrania y sus efectos, como el incremento del precio de la energía o el de las materias primas, escasez incluida, que nos han creado unas altas tasas de inflación.

En su caso también han sabido reaccionar y adaptarse.

En la presentación de resultados a 28 de febrero de 2022, el director general de Consum recalca lo siguiente: «Ha sido un año complicado. La huelga del transporte, la inflación por el constreñimiento de la oferta y el golpe de la guerra tensionaron la cadena».

Con estas palabras, queda claro el impacto de la inflación en el año 2022 en algunas de las grandes empresas que hay en España con diferentes grados en la gestión del ejercicio económico.

Por su parte, el informe de Deloitte (Deloitte, 2022) muestra que, en resumen, al inicio de 2022 «las perspectivas económicas futuras siguen siendo optimistas en línea con la recuperación de la crisis sanitaria, aunque más moderadas». A pesar de esto, durante todo el informe ponen de forma explícita que depende de variables como la inflación y su escalabilidad. Es decir, prevé con acierto el impacto de la inflación para 2022.

En cuanto al informe conjunto de KPMG con la CEOE (2022) publicado después del inicio de la guerra entre Rusia y Ucrania se destaca, tal y como puede observarse en el gráfico 6, que también «la actualidad se impone y la inflación es considerada la principal amenaza para el crecimiento de la economía española, mientras que la volatilidad de los precios y el riesgo de demanda se sitúan como mayores riesgos para el negocio».

*Ilustración 8: Previsiones económicas tras el
estallido del conflicto en Ucrania*

Las previsiones económicas son más pesimistas tras el estallido del conflicto en Ucrania...

53% Califica la situación actual de la economía española como **regular**.

26% Un 26% considera que es **mala o muy mala**.

45% Cree que **empeorará** en los próximos 12 meses.

Fuente: Informe KPMG y CEOE (2022)

Por otra parte, también se señala que la inflación se ha convertido en una de las principales preocupaciones para el 77 % de los empresarios españoles, según el informe conjunto de KPMG y CEOE al que estamos refiriéndonos (2022), tal y como puede observarse en la ilustración 7.

Ilustración 8: Efectos de la inflación de las empresas

A corto plazo, las empresas se muestran preocupadas por la inflación y sus efectos en el negocio

Principales **amenazas** para la economía española en los próximos 12 meses

Inflación

| 77% |

Debilitamiento de la economía global

| 37% |

Aumento de los impuestos

| 36% |

Principales **riesgos** para el negocio

Volatilidad de los precios de las materias primas

| 48% |

Riesgo de demanda

| 36% |

Riesgos regulatorios

| 34% |

Fuente: Informe 2022 KPMG y CEOE

Comparando la previsión de este informe y la realidad (tal y como veremos en otros epígrafes de este trabajo), vemos claramente la acertada predicción que tuvieron en las seis empresas citadas, al menos en cinco presentan como problema la inflación a la hora de la toma de decisiones y la complejidad encontrada en la gestión durante el año 2022.

3.1 EFECTOS DE LA INFLACIÓN EN LA LIQUIDEZ/ SOLVENCIA/RENTABILIDAD Y MÁRGENES EMPRESARIALES

El análisis de la información corporativa descansa en dos grandes pilares. Uno de ellos es la información financiera tradicional y el otro la información sobre sostenibilidad novedosa. En este epígrafe y en este trabajo vamos a referirnos al primero de ellos.

Cualquier análisis de la información financiera empresarial se basa en el estudio de la liquidez, la solvencia y la rentabilidad.

En el estudio de la situación financiera a corto plazo se evalúa la capacidad de la empresa para hacer frente a sus compromisos de pago a corto plazo.

Consiste pues en analizar la necesidad de disponer de efectivo suficiente en el momento oportuno, lo que requiere la correcta adecuación de los flujos de cobros y pagos para no tener que liquidar activos o someterse demasiado al endeudamiento.

Disponer de suficiente liquidez en una empresa significa tener activos suficientes que puedan convertirse en tesorería de forma rápida. Es decir, supone poder transformar bienes y derechos a corto plazo en dinero u otras cuentas del subgrupo 57 del PGC 2007 para afrontar pagos.

El análisis de la solvencia a largo plazo evalúa la situación patrimonial de la empresa, tanto en su financiación como en su inversión, con la finalidad de analizar la posición global de equilibrio.

En palabras del Banco Santander: «La solvencia financiera define la capacidad de una persona, física o jurídica, para cumplir con todas sus obligaciones, es decir, para ser capaz de devolver sus deudas, presentes o futuras». Además, añade que: «La solvencia financiera es un indicador que permite al acreedor conocer la capacidad de pago de un deudor y decidir sobre la conveniencia o no de concederle financiación».

Ambos conceptos de liquidez y solvencia tienen una diferencia importante entre ellos que se refiere a la temporalidad. Mientras que la liquidez nos mide la capacidad a corto plazo (habitualmente hasta 1 año), la solvencia nos mide la capacidad de devolver las deudas tanto a corto como a largo plazo.

Hoy en día, con las complicaciones económicas, que las empresas dispongan de liquidez para poder afrontar tiempos difíciles es algo que los inversores valoran, ya que si se congela el consumo y la empresa deja de vender, la situación de la empresa se puede complicar y, por lo tanto, si no existe una tesorería suficiente o unos activos muy líquidos, se complica el pago para cancelar las deudas inmediatas, es decir, se complica la solvencia de la empresa a corto plazo, y si esta situación es constante en el tiempo, se convierte en un problema de solvencia a largo plazo.

De hecho, en una época con gran inflación, vemos que disponer de exceso de tesorería igual no es la mejor idea, ya que el dinero pierde valor de forma bastante rápida, pero este «colchón» financiero entra en conflicto con el objetivo de solvencia y estaría en función también del rendimiento conseguido por esa liquidez.

Es más, al aumentar la inflación también se produce un aumento de los tipos de interés para evitar que siga creciendo y, además, se dificulta la facilidad de crédito.

Esto se debe a que una de las políticas de los bancos centrales es reducir la oferta monetaria y ser más restrictivos con ella. Por ello, tener escasa solvencia a corto y a largo plazo es un problema a la hora de solicitar créditos, como se remarca en la definición del banco Santander.

Y entre los últimos conceptos que queremos analizar están la rentabilidad, que mide el rendimiento obtenido por la empresa, en términos relativos, con los capitales invertidos, durante un período económico determinado, y la variación de los márgenes de resultados.

En general, el objetivo fundamental de la empresa es maximizar la rentabilidad de los recursos financieros invertidos sin poner en peligro la continuidad de la actividad en el tiempo.

Como hemos comentado antes, el endeudamiento es necesario para la actividad de la empresa, y en épocas de gran inflación, el acceso a estos recursos se dificulta y se encarecen. Además, a la hora de hablar de rentabilidad y, más concretamente, de la rentabilidad financiera, el aumento del coste del dinero hace que este ratio empeore la rentabilidad económica de la empresa.

Otro factor clave y que incide en el estudio de la rentabilidad es el aumento del valor de las ventas de la empresa, puesto que si observamos que al aumentar precios y con la consideración de que las ventas están registradas en moneda más reciente que determinados gastos ligados más a largo plazo (costes fijos), los ingresos son superiores y el rendimiento sobre la inversión se sobreestima, porque algunas inversiones estarán valoradas a precio de coste (siguiendo la línea expositiva del profesor Aurelio García del Barrio, profesor del *IEDGE Business School*, en un artículo en la página del IEDGE el 8 de marzo de 2018, «Impacto de la inflación en la empresa, tercera parte»).

En apartados posteriores analizamos más específicamente esto referido a las empresas de la muestra vinculadas a los sectores con mayor variación en IPC en la estructura de gastos de los hogares españoles (Ilustración 6), una vez descritos los conceptos anteriores, calcularemos estas ratios fundamentalmente en el punto 7º para alcanzar algunas conclusiones sobre si se han visto o no afectados, y favorable o desfavorablemente, por la inflación en el ejercicio 2022, las empresas seleccionadas en aquel apartado, poniendo el énfasis en las variaciones de ventas, resultados, márgenes y rentabilidades.

4.

Actualización de balances

4.1 UN POCO DE HISTORIA ESPAÑOLA

Tal y como se puede observar en la ilustración 3, el índice de precios al consumo (IPC) en España se ha comportado bastante uniforme a partir de 1986, exceptuando alguno de los últimos años de la década pasada con índices negativos y en otros con incrementos importantes en relación con períodos anteriores, que sería básicamente lo que vuelve a estar pasando en la actualidad.

En este epígrafe queremos referirnos a los instrumentos que históricamente han permitido corregir determinados valores del balance cuando se han producido variaciones de precios sustanciales.

Una de las soluciones que se han adaptado en nuestro país para corregir el efecto de este incremento de precios ha consistido en la posibilidad de actualizar (o revalorizar) determinadas rúbricas del balance.

En 2012 fue la octava vez que la legislación española permitió revalorizar los elementos patrimoniales (1973, 1977, 1979, 1980, 1981, 1983, 1996 y 2012). Concretamente, la última es la Ley 16/2012, por la que se adoptan diversas medidas tributarias dirigidas a la consolidación de las finanzas públicas y al impulso de la actividad económica (BOE de 28 de diciembre de 2012).

Las leyes españolas permitieron corregir los valores contables, el origen de la norma era fiscal la actualización de los valores permitidos y no fue neutral a efectos fiscales (la de 1996 y las anteriores sí lo fueron), puesto que en la última (la de 2012) su adopción voluntaria conlleva una carga fiscal directa suave.

La norma fiscal establece los elementos que estaban sujetos a actualización, cómo debe calcularse el incremento de valor, el gravamen único, la información a proporcionar en la memoria, etc.

4.2 ¿PRESENTAN LOS ESTADOS FINANCIEROS LA IMAGEN FIEL DE LA SITUACIÓN ECONÓMICA-FINANCIERA Y PATRIMONIAL?

La compatibilidad en el Marco Conceptual del Plan General de Contabilidad de 2007 (PGC) entre el criterio de coste histórico —apartado 6º.1. Criterios de Valoración— y el principio de uniformidad —apartado 3º.3. Principios Contables— es respondido en la consulta 5 del BOICAC 92 que hace referencia a que la rectificación de valores establecido en la Ley 16/2012 tiene plena cobertura en el marco de la IV Directiva 78/660.

La revalorización es totalmente compatible con el criterio de coste histórico. La nueva valoración *es un nuevo coste atribuido* equiparable al precio de adquisición de dichos bienes. No hay cambio de criterio contable. El principio de uniformidad no se ve afectado.

Actualizar un balance es ajustar el valor contable de todos o parte de los activos a su valor real actual, tras el aumento del coste de la vida originado por la inflación.

Por tanto, consistiría en incorporar al balance de una empresa el efecto de la depreciación monetaria para que ese balance refleje, lo más ajustado a la realidad, el valor patrimonial de la sociedad.

Históricamente la necesidad de actualizar los balances se ha resuelto por parte del legislador con normas de dos tipos: actualizaciones o regularizaciones, siendo más amplia las segunda, ya que estas permitían aflorar activos ocultos o eliminar pasivos ficticios, además de actualizar los activos aflorados.

Mientras que las regularizaciones pueden originar cambios cuantitativos y cualitativos en el patrimonio de la sociedad, las actualizaciones tienden a reflejar valores actuales que han perdido valor a causa de la depreciación monetaria.

El resultado de la actualización de los valores de activo pasaba por la dotación de la «reserva de revalorización». Esta reserva se distinguía de las demás porque la empresa no podía disponer de ella hasta que no hubiesen transcurrido tres años, tras los cuales existían dos posibles destinos para la reserva:

1. Compensar pérdidas de ejercicios anteriores.
2. Ampliar capital contra dicha reserva.

Cabía contemplar una tercera posibilidad, convertirse de reserva indisponible en reserva de libre disposición, pero para poder aplicarla debían transcurrir al menos 10 años (si se realizó en 2012, no se ha podido aplicar hasta el 2022).

La normativa contable vigente (incorporadas las modificaciones introducidas en 2021) no permite las actualizaciones contables solo admite la valoración a valor razonable de los elementos patrimoniales descritos en el artículo 38 bis del Código de Comercio, que son:

a. Los activos financieros que formen parte de una cartera de negociación, se califiquen como disponibles para la venta, o sean instrumentos financieros derivados clasificados, a efectos de valoración, en alguna de las dos siguientes categorías: como activos financieros a valor razonable con cambios en pérdidas y ganancias o activos financieros a valor razonable con cambios en el patrimonio neto.

b. Los pasivos financieros que formen parte de una cartera de negociación, o sean instrumentos financieros derivados clasificados, a efectos contables, en la categoría de pasivos financieros a valor razonable con cambios en pérdidas y ganancias.

El BCE, la Fed y el resto de Bancos Centrales sí han adoptado medidas ante el escenario inflacionista con el incremento de los tipos de interés de referencia respectivos, si bien es cierto que es una o la única obligación de sus políticas monetarias.

A los empleados se les incrementan los sueldos, aunque sufren también la «mordida» de la inflación en su patrimonio personal positivo ... para las empresas, ¿qué debería hacerse para la protección de sus recursos propios e inversiones de duración plurianual?, ¿dejarlo a la evolución del margen de beneficios de su negocio como lo más parecido a las rentas salariales?

Habrá que preguntarse si la persistente situación de incremento de precios desde la segunda parte de 2021 no es merecedora de una medida fiscal-contable, como la actualización que tuvo como última posibilidad de acogerse por parte de las empresas al cierre del ejercicio 2012 para favorecer tanto la financiación interna como el mejor acceso al mercado de capitales.

El cálculo del cambio en el valor del patrimonio ajustado y del valor actualizado por la inflación en España desde 2012 hasta finales de 2023, con las tasas de inflación reales hasta 2023 sobre la base de un patrimonio de 1 millón de € se muestran en la Tabla 3 el resumen con los cálculos:

Tabla 3. Valor ajustado y valor actualizado.
Patrimonio base 1 millón de €

Año	Tasa de Inflación	Valor Inicial del Patrimonio	1. Valor Ajustado del Patrimonio	2. Valor Actualizado del Patrimonio
2013	1,4 %	1,000,000 EUR	985,222 EUR	1,014,000 EUR
2014	-0,2 %	985,222 EUR	986,415 EUR	1,011,972 EUR
2015	-0,5 %	986,415 EUR	991,378 EUR	1,006,902 EUR
2016	-0,2 %	991,378 EUR	993,170 EUR	1,005,087 EUR
2017	2,0 %	993,170 EUR	973,206 EUR	1,025,189 EUR
2018	1,7 %	973,206 EUR	956,896 EUR	1,043,617 EUR
2019	0,7 %	956,896 EUR	950,336 EUR	1,051,015 EUR
2020	-0,3 %	950,336 EUR	953,087 EUR	1,048,005 EUR
2021	3,1 %	953,087 EUR	924,103 EUR	1,080,453 EUR
2022	8,4 %	924,103 EUR	847,581 EUR	1,171,211 EUR
2023	3,5 %	847,581 EUR	818,166 EUR	1,212,103 EUR

Fuente: Elaboración propia (Datos IPC: INE)

1. Para el cálculo del valor ajustado para cada año, se aplica la fórmula:

Valor Ajustado = Valor Inicial / (1 + Tasa de Inflación)

Por ejemplo, para el año 2013, el cálculo es:

Valor ajustado 2013 = 1 000 000 EUR / (1 + 0,014) = 985 222 EUR

Y así sucesivamente para cada año. Como antes, una tasa de inflación negativa indica deflación, por lo que el valor ajustado aumenta para esos años.

El valor ajustado al final de 2023 es aproximadamente 818,166 euros, lo que indica que el valor real de un patrimonio de 1 millón de euros en enero de 2013 habría disminuido a esta cantidad al final de 2023, ajustado por la inflación acumulada durante ese período.

2. Para el cálculo del valor actualizado para cada año, se aplica la fórmula:

Por ejemplo, para el año 2013, el cálculo es:

Valor actualizado 2013 = 1 000 000 EUR * (1 + 0,014) = 1 014 000 EUR

Y así sucesivamente para cada año. Cuando se aplica una tasa de inflación negativa, se reduce el valor del patrimonio actualizado.

El valor actualizado final a 2023 basado en la tasa de inflación real sería 1 212 103 euros. Esto significa que el valor nominal de un patrimonio de 1 millón de euros en 2013 habría requerido esta cantidad en 2023 para no perder poder adquisitivo debido a la inflación acumulada durante ese período.

Es el único apartado que en el análisis se ha ampliado a final de 2023, debido a que no se ha producido decisión en términos de actualización de balances hasta la fecha.

Estas variaciones sobre el patrimonio base de 1 millón en uno y otro método dan una idea del efecto de esa «mordida silente» de la inflación.

¿Qué índices de actualización habría de aplicar para que la inflación tuviera un efecto nulo en la situación patrimonial de las empresas? . . . Obsérvese en la última columna «2. Valor actualizado del Patrimonio».

5.

Impacto de la inflación en la información financiera en el balance de situación

5.1 INTRODUCCIÓN

La clasificación del balance de situación en masas patrimoniales de activo y pasivo corrientes, no corrientes y de patrimonio neto, que se corresponden con la permanencia de estas cuentas en el balance un corto periodo de tiempo (hasta 1 año) o un largo periodo de tiempo (más de 1 año) o del patrimonio neto, les afectará con mayor o menor impacto los efectos de la inflación.

Esta clasificación tan importante en el análisis de estados financieros quizá no es suficiente para ahondar en el alcance de una situación persistente de incrementos de precios sustanciales. ¿Se puede decir que se generan ganancias o pérdidas monetarias en función de la sensibilidad o la exposición de los activos y pasivos patrimoniales frente a la inflación?

La posición y los importes en el balance como activos, pasivos o patrimonio neto deberán tener un efecto más o menos favorable por las consecuencias de la inflación y en poder convertirse en «teóricas» ganancias o pérdidas monetarias por la gestión de los plazos y del tiempo en realizarlos, aunque están invisibles en la cuenta de resultados, deben estar presentes en la óptima gestión directiva de las empresas.

Para los activos y pasivos que deban valorarse a valor razonable o valor de mercado quedará mitigado el impacto de la inflación sobre los mismos al exigirse ese criterio de valoración en las cuentas anuales.

Es sabido la importancia para el análisis financiero en las empresas de la comparación entre activo y pasivo corriente o, también, del patrimonio neto más el pasivo no corriente respecto del activo no corriente.

Con seguridad la comparación entre activos y pasivos monetarios y no monetarios, que no es exactamente la anterior, ayudarán a evaluar el impacto de la inflación con la brecha favorable o desfavorable de la situación financiera y patrimonial de la empresa ante un escenario inflacionista rápido, importante y persistente (o si se diera un proceso deflacionista con idénticas características).

A continuación definimos y enumeramos los componentes, exponemos aspectos generales de gestión de esos conceptos de activos y pasivos monetarios y no monetarios.

Definición activos monetarios:

Como señala el diccionario económico del periódico *Expansión*:

desde el punto de vista contable, los activos monetarios son aquellas partidas del balance de situación que tienen un valor medido en moneda y elevada liquidez. En concreto, se consideran activos monetarios la tesorería y las cuentas por cobrar. Estos activos son poco arriesgados, aunque se ven afectados por la inflación, que reduce su valor real.

Se mantienen en forma de dinero o pueden convertirse en una cantidad fija de dinero. Incluyen además de la enumeración anterior activos financieros que se pueden liquidar rápidamente.

Ejemplos:

Efectivo en caja y bancos.

Cuentas por cobrar.

Inversiones financieras a corto plazo.

Gestión en el balance:

Sensibles a las fluctuaciones de la inflación, ya que pierden poder adquisitivo.

Importante diversificar y considerar inversiones que puedan proteger contra la pérdida de valor adquisitivo.

Definición pasivos monetarios:

Como señala de manera muy gráfica la web lacienciaeconómica. com:

Los pasivos monetarios se definen como obligaciones de pago fijas que no están protegidas contra la inflación, debido a que sus valores nominales son constantes, a pesar de que el nivel de precios puede cambiar. Es decir, un pasivo monetario de 1000 euros, dentro de 6 meses seguirá teniendo este valor nominal, pero si la inflación está al 10 % anual, habrá perdido el 5 % de su valor real en este tiempo.

Ejemplos:

Cuentas por pagar.

Deudas a corto y largo plazo.

Obligaciones financieras como préstamos bancarios.

Gestión en el balance:

En contextos de alta inflación, el valor real de los pasivos monetarios puede disminuir.

Oportunidad para reestructurar deuda a términos más favorables.

Definición activos no monetarios:

Activos que no tienen una cantidad fija de valor monetario y generalmente son activos físicos o intangibles.

Ejemplos:

Propiedades, planta y equipo (inmovilizado material).

Marcas, patentes (intangibles).

Inversiones a largo plazo en otras empresas.

Gestión en el balance:

Menos sensible a la inflación a corto plazo.

Importante revaluar regularmente para reflejar el valor justo de mercado.

Definición pasivos no monetarios:
Obligaciones que no están fijadas en términos de cantidad monetaria.
Ejemplos:
Provisiones para responsabilidades futuras como pensiones.
Pasivos contingentes.
Gestión en el balance:
Pueden requerir ajustes basados en cambios en el valor de mercado o en estimaciones actuariales.
Importante seguimiento y actualizar regularmente para reflejar su valor justo.

Consideraciones generales:
Gestión de la inflación: Los activos y pasivos monetarios son más vulnerables a los cambios en el poder adquisitivo debido a la inflación. Las empresas deben estar atentas a estos cambios y ajustar su estrategia financiera en consecuencia.

Revaluación y actualización: Los activos no monetarios deben revaluarse periódicamente para reflejar su valor real, mientras que los pasivos no monetarios requieren una gestión cuidadosa para anticipar obligaciones futuras.

Diversificación: Una estrategia de diversificación entre activos y pasivos monetarios y no monetarios puede ayudar a mitigar los riesgos asociados con la inflación y otros factores económicos.

Es decir, al margen de la información contable regulada, la gestión requiere de análisis de sensibilidad de las posiciones de los activos y pasivos monetarios, de los activos y pasivos no monetarios y de la posición del patrimonio.

A continuación, vamos a valorar globalmente los efectos de la inflación en todas las partidas de un balance que, por simplicidad, escogemos el modelo abreviado del PGC de 2007.

Esta calificación se presenta en dos columnas, en la primera valoramos el impacto como alto/medio/bajo de la inflación en todas y cada una de las cuentas correspondientes al modelo; en la segunda columna valoramos la posibilidad de generar ganancias o pérdidas monetarias.

Tabla 4. Grado de impacto y ganancias o
pérdidas monetarias balance abreviado

Cuentas	Grado de impacto	Ganancias o pérdidas monetarias
A) ACTIVO NO CORRIENTE		
I. Inmovilizado intangible.	Medio	No
II. Inmovilizado material.	Medio/Alto	No
III. Inversiones inmobiliarias.	Medio/Alto	No
IV. Inversiones en empresas del grupo y asociadas a largo plazo.	Medio/Bajo	No
V. Inversiones financieras a largo plazo.	Bajo/Medio	No
VI. Activos por Impuesto diferido.	Medio/Medio	No
B) ACTIVO CORRIENTE		
I. Activos no corrientes mantenidos para la venta.	Alto	No
II. Existencias.	Alto	Ganancia/Pérdida
III. Deudores comerciales y otras cuentas a cobrar.	Alto	Pérdida
IV. Inversiones en empresas del grupo y asociadas a corto plazo.	Medio/Alto	Pérdida
V. Inversiones financieras a corto plazo.	Medio/Alto	Pérdidas
VI. Periodificaciones a corto plazo.	Bajo	Pérdida
VII. Efectivo y otros activos líquidos equivalentes.	Alto	Pérdida
A) PATRIMONIO NETO		
A-1) Fondos propios.		

I. Capital.	Bajo	No
II. Prima de emisión.	Bajo	No
III. Reservas.	Bajo/Medio	No
IV. (Acciones y participaciones en patrimonio propias).	Bajo	No
V. Resultados de ejercicios anteriores.	Bajo	No
VI. Otras aportaciones de socios.	Bajo	No
VII. Resultado del ejercicio.	**Analizado en el capítulo 6**	
VIII. (Dividendo a cuenta).	Bajo	No
IX. Otros instrumentos de patrimonio neto.	Bajo	No
A-2) Ajustes por cambios de valor.	Bajo	No
A-3) Subvenciones, donaciones y legados recibidos.	Bajo	No
B) PASIVO NO CORRIENTE		
I. Provisiones a largo plazo.	Medio/Alto	Ganancias
II. Deudas a largo plazo.	Alto	Ganancias
III. Deudas con empresas del grupo y asociadas a largo plazo.	Medio/Alto	Ganancias
IV. Pasivos por impuesto diferido.	Medio/Alto	Ganancias
V. Periodificaciones a largo plazo.	Medio/Alto	Ganancias
C) PASIVO CORRIENTE		
I. Pasivos vinculados con activos no corrientes mantenidos para la venta.	Alto	Ganancias
II. Provisiones a corto plazo.	Alto	Ganancias
III. Deudas a corto plazo.	Alto	Ganancias
IV. Deudas con empresas del grupo y asociadas a corto plazo.	Alto	Ganancias
V. Acreedores comerciales y otras cuentas a pagar.	Alto	Ganancias
VI. Periodificaciones a corto plazo.	Alto	Ganancias

5.2 ACTIVO NO CORRIENTE

Por lo general, las cuentas del Activo No Corriente (ANC) tendrán la consideración de activos NO monetarios y con un impacto relativamente bajo por los efectos de la inflación al no tratarse de inversiones sujetas a un corto plazo en el que nos afecte una gran variación de los precios.

Un seguimiento de la situación en Argentina nos hizo reflexionar acerca de las fianzas constituidas que pueden tener que hacer frente a los contratos de arrendamientos y sus cláusulas. Importes anticipados que al terminarse el contrato, sobre todo si es a largo plazo y en un escenario adverso de inflación prolongada, su devolución habría mermado en su poder adquisitivo. Una cláusula de actualización de esta cantidad o que la contraprestación fuera el equivalente a meses originarios de la cuantía de la fianza corregiría este desequilibrio.

Esta misma situación, pero en vez de fianzas constituidas si fueran fianzas recibidas a largo plazo, haría del análisis y de la solución de equilibrio la misma para arrendatario y arrendador, empresas o particulares.

Ambas situaciones de fianzas constituidas y recibidas a corto plazo conceptualmente afectarían igual, pero con la inmediatez de verse recuperada/devuelta en un plazo máximo de un año.

El impacto relevante que puede generar este grupo sería el hecho de tener que volver a invertir en la reposición de los inmovilizados actuales a un precio mayor que en los precios de adquisición afectados por el proceso inflacionista durante varios años.

En el punto 4º explicamos la técnica de la actualización; se actualizan los activos y en aquellos activos sujetos a amortización también las amortizaciones anuales en función de cada año de dotación.

Si existen activos financieros a valor razonable con cambios en PyG o en el PN estarán valorados a valor de mercado y repercutirá la variación en las valoraciones en aquella que corresponda de esas dos grandes rúbricas.

Dentro de esta categoría de activos financieros podemos referirnos, por ejemplo, a los bonos a largo plazo. Si a efectos de valoración están calificados como inversiones a vencimiento, por lo tanto, el valor nominal coincidirá con el valor real al reembolso (y absorbe totalmente la inflación) frente a tenerla como cartera de negociación o disponible para la venta, que como hemos dicho antes, se valoran a valor razonable.

5.3 ACTIVO CORRIENTE

A. EXISTENCIAS

La problemática en esta rúbrica es la valoración de los stocks, y se debe a que los métodos de valoración que existen aumentarán la valoración final de los stocks y aumentarán los resultados, o lo contrario, disminuirán la valoración final e incrementarán los costes de ventas y reducirán el resultado con un mayor efecto en momentos de inflación relevante.

Método FIFO:

Problemática: Con el FIFO se lleva a valorar el inventario a precios más recientes, lo que puede aumentar artificialmente los resultados y, por ende, los impuestos, a pesar de que las ventas reales sean menores.

Solución: Aunque FIFO es comúnmente utilizado, es importante analizar si este método refleja de manera adecuada la realidad económica de la empresa en un entorno inflacionario. La revisión periódica de la estrategia de precios puede ayudar a mitigar este impacto.

Método PMP:

Problemática: Este método promedia los costes, lo que puede reducir el impacto de la inflación, pero aun así puede llevar a una sobreestimación en un contexto inflacionario.

Solución: Continuar con la utilización de PMP mientras se realiza un seguimiento cuidadoso de los precios del mercado, ajustando el cálculo del PMP de forma más frecuente para reflejar de manera más precisa la inflación.

A diferencia de estos criterios, los dos únicos aceptados en la contabilidad española desde hace cerca de 20 años, existe un criterio no aceptado, pero que a efectos de gestión sería mucho más sensible a la hora de valorar las existencias finales y el coste de los productos: el LIFO (última entrada, primera salida).

Método LIFO (no aceptado en contabilidad española):

Al valorar los stocks a precios antiguos, los precios de coste de los productos se obtienen con los nuevos precios, esto permite a las empresas que ante situaciones en las que aparezca una gran inflación de forma rápida en la economía, no tengan un impacto tan grande y veloz en los resultados.

Problemática: Aunque LIFO puede ser más efectivo en períodos de inflación alta, no es aceptado en la valoración en contabilidad española.

Solución: Para empresas multinacionales o aquellas que operan en diferentes jurisdicciones, explorar el uso de LIFO donde sea permitido puede ser beneficioso. Sin embargo, para las empresas que solo operan bajo normas contables españolas, enfocarse en la optimización de la gestión de inventario es clave.

Dependerá mucho el efecto en aquellas valoraciones de la gestión que se hagan de los almacenes, es decir, la rotación que se imprima a los movimientos de los stocks e incluso la gestión de cero existencias, que pueda ser la política de aprovisionamiento de algunas empresas y la aplicación del principio de uniformidad en la valoración de la información financiera.

Sin olvidar, finalmente, los problemas de disrupción de la cadena de suministros con las que se han encontrado algunas actividades para almacenar productos u obtener servicios en 2022.

Estrategias generales para la gestión de existencias

Gestión de inventario: Implementar una gestión eficiente del inventario, como la rotación rápida de stocks o la política de cero existencias, para reducir el impacto de la inflación.

Análisis continuo del mercado: Mantener un seguimiento constante de los precios del mercado para ajustar las estrategias de valoración y precios de venta.

Diversificación de proveedores: Para mitigar los efectos de la disrupción de la cadena de suministros, diversificar las fuentes de suministro puede ser una estrategia eficaz.

Provisiones para fluctuaciones de precios: Crear provisiones para absorber las fluctuaciones en los precios de las existencias debido a la inflación.

B.   DEUDORES COMERCIALES Y OTRAS CUENTAS A COBRAR

Uno de los conceptos que se incorporan claramente en la definición de activos monetarios, como el citado anteriormente, y que sufren el impacto de la inflación y generan pérdidas monetarias, aunque sean partidas de corto plazo, son los deudores comerciales y otras cuentas a cobrar.

Los clientes tienen importancia en esta rúbrica, puesto que, al reducir la capacidad de adquisición de productos por parte de los agentes económicos, la empresa puede ver reducidas sus ventas reales.

Otro efecto posible sería el aplazamiento del pago por dificultades, por problemas de liquidez o de crédito de los clientes o terceros.

Pérdida de valor del dinero:

Problemática: Estos activos representan dinero que se espera recibir en el futuro. Con la inflación, el valor del dinero disminuye con el tiempo, lo que significa que el dinero recibido en el futuro valdrá menos en términos de poder adquisitivo actual.

Solución: Ajustar las políticas de crédito y los términos de pago para acelerar la recepción del dinero. Considerar cláusulas de ajuste por inflación en los contratos con clientes.

Reducción de ventas reales:

Problemática: La inflación puede reducir el poder adquisitivo de los clientes, lo que a su vez podría disminuir la demanda y, por consiguiente, las ventas.

Solución: Diversificar la cartera de productos o servicios para incluir opciones más asequibles. Ajustar estrategias de precios para mantener la competitividad.

Aplazamiento en los pagos:

Problemática: En un entorno inflacionario, los clientes pueden enfrentar problemas de liquidez, llevando a retrasos en los pagos o incumplimientos.

Solución: Implementar un seguimiento más estricto de los deudores, mejorando la gestión del cobro. Considerar la venta de cuentas por cobrar a entidades de *factoring* para mejorar la liquidez.

Consideraciones generales para la gestión:

Análisis de riesgo de crédito: Realizar un análisis detallado del riesgo de crédito de los clientes para ajustar las condiciones de crédito y evitar problemas de liquidez.

Política de cobros: Establecer políticas de cobros más agresivas, incluyendo descuentos por pronto pago o penalizaciones por retraso.

Provisión para deudas incobrables: Aumentar las provisiones para deudas incobrables como medida preventiva ante un posible aumento en la morosidad.

C. TESORERÍA

En una empresa, la tesorería se registra contablemente en las cuentas del subgrupo 57 del PGC y tienen un fuerte impacto en épocas de gran inflación como cualificadas representantes de los activos monetarios.

Al disponer de activos muy líquidos en tesorería, aunque sea a corto plazo, le va a afectar la pérdida de poder adquisitivo. Es decir, utilizando el mismo ejemplo de antes (pero con efectos contrarios) un activo monetario de 1000 euros en alguna de las cuentas de tesorería anteriores, dentro de 6 meses seguirá teniendo este valor nominal, pero si la inflación está al 10 % anual, habrá perdido el 5 % de su valor real en este tiempo, aunque los movimientos para cobros y pagos sean constantes. Además de lo que ya comentamos en el apartado de liquidez 3.1 anterior, disponer de activos muy líquidos es un «arma» de doble filo.

Pérdida de poder adquisitivo:

Problemática: Los activos en tesorería, aunque líquidos y necesarios para las operaciones diarias, pierden poder adquisitivo en un entorno inflacionario. Un euro hoy no tendrá el mismo valor de compra en el futuro si la inflación es positiva.

Solución: Mantener un equilibrio entre tener suficiente liquidez para operaciones diarias y minimizar la cantidad de efectivo inactivo. Invertir el exceso de liquidez en instrumentos que ofrecen alguna protección contra la inflación, como bonos indexados a la inflación.

Gestión de activos en moneda extranjera:

Problemática: Las cuentas en moneda extranjera pueden estar sujetas a doble riesgo: la inflación y las fluctuaciones del tipo de cambio.

Solución: Utilizar estrategias de cobertura para minimizar el riesgo del tipo de cambio y considerar la fortaleza económica y la estabilidad de la moneda extranjera.

Inversiones a corto plazo:

Problemática: Las inversiones a corto plazo de gran liquidez, aunque seguras, pueden no ofrecer un rendimiento que compense la tasa de inflación.

Solución: Diversificar las inversiones a corto plazo incluyendo opciones con mayor potencial de rendimiento y protección contra la inflación.

Estrategias generales para la gestión de la tesorería:

Optimización de la liquidez: Mantener la liquidez necesaria para las operaciones cotidianas, evitando excesos que resulten en pérdidas de valor por inflación.

Diversificación de inversiones: Invertir en una variedad de instrumentos financieros que puedan ofrecer mejores rendimientos y protección contra la inflación.

Gestión de riesgos: Utilizar instrumentos de cobertura para gestionar el riesgo de inflación y de tipo de cambio, especialmente para activos en moneda extranjera.

Seguimiento constante: Seguir de cerca las tendencias de inflación y ajustar la estrategia de tesorería en consecuencia.

Para el activo corriente, hemos analizado las partidas que creemos que tienen mayor impacto en las decisiones que tiene que tomar una empresa frente a esta problemática, además de ser las más relevantes. Un buen número de los quebraderos de cabeza que los directivos de las empresas han tenido que enfrentarse, de los que nos hemos hecho eco en el punto 3, habrán estado relacionados por los impactos en la gestión de los activos circulantes de las empresas.

5.4 PASIVO CORRIENTE

Lo más lógico es que haya ganancia del valor real de las deudas con acreedores, por lo que un aumento de los precios permite a la empresa pagar el mismo importe nominal, pero con un valor real menor, esto es positivo para la empresa, ya que tiene que pagar «menos» a las cuentas de proveedores y otros pasivos corrientes respecto al año anterior o que al inicio de la deuda.

Las deudas con entidades de crédito a corto plazo presentan un efecto por el impacto de la inflación. Reembolsar la deuda por un importe con un poder adquisitivo menor al que se tenía en el momento de la concesión del crédito genera una ganancia monetaria, es decir, pagar el mismo importe nominal con un poder adquisitivo menor.

A pesar de esto, si la inflación aumenta los precios de los bienes y servicios, la empresa puede experimentar un aumento en el coste de sus nuevas obligaciones a corto plazo, mermando su margen e, incluso, si aumenta mucho el precio en relación a la demanda, puede llegar a tener problemas de impago por los suministros y por la reducción de demanda que pueda pagar los *inputs* que necesita para la continuidad de la actividad (un ejemplo claro de esto serían algunos restaurantes, panaderías, etc., que han visto aumentada su deuda por suministros, arrendamientos, etc., y les ha llevado incluso a cerrar su negocio).

Ganancia del valor real de las deudas:

Problemática: En un entorno inflacionario, el valor real de las deudas a corto plazo disminuye, lo que es beneficioso para la empresa, ya que paga menos en términos de poder adquisitivo.

Solución: Aprovechar este efecto para reestructurar o refinanciar deudas, buscando condiciones más favorables.

Deudas con entidades de crédito a corto plazo:

Problemática: Aunque pagar deudas a corto plazo con un valor real menor es ventajoso, si la inflación es alta, los costes de nuevas obligaciones también aumentarán, afectando los márgenes de la empresa.

Solución: Planificar cuidadosamente la toma de nuevas deudas y evaluar las condiciones del mercado para encontrar las mejores tasas y términos.

Aumento del coste de nuevas obligaciones:

Problemática: El aumento en los precios de los bienes y servicios puede elevar el coste de las nuevas obligaciones a corto plazo, afectando la liquidez y la capacidad de la empresa para cumplir con sus compromisos.

Solución: Mejorar la gestión del flujo de caja y buscar formas de aumentar la eficiencia operativa para reducir costes.

Problemas de impago y reducción de demanda:

Problemática: El aumento de los costes puede llevar a una reducción en la demanda de los productos o servicios de la empresa, lo que a su vez puede causar problemas de impago y afectar la viabilidad del negocio.

Solución: Diversificar la base de clientes y las fuentes de ingresos, ajustar la estrategia de precios y buscar formas de aumentar el valor percibido por los clientes.

Estrategias generales para la gestión del pasivo corriente:

Gestión proactiva de deudas: Renegociar las deudas existentes y ser cautelosos al adquirir nuevas deudas.

Optimización de costes: Identificar áreas donde se pueden reducir costes sin comprometer la calidad o el servicio.

Análisis de sensibilidad: Realizar análisis de sensibilidad para entender cómo diferentes niveles de inflación pueden impactar la liquidez y la solvencia.

Diversificación: Explorar nuevos mercados o líneas de productos para reducir la dependencia de un segmento específico del mercado.

5.5 PASIVO NO CORRIENTE

Aumento de los tipos de interés:

Problemática: Si la empresa tiene préstamos a largo plazo a tipo variable, un aumento de los tipos de interés para contener la inflación puede incrementar los costes de financiamiento, afectando la rentabilidad y aumentando el riesgo de impago.

Solución: Considerar la posibilidad de refinanciar o reestructurar las deudas existentes a tasas fijas o más favorables para protegerse contra el aumento de los tipos de interés.

Pago de deudas con intereses antiguos:

Problemática: A pesar de que las deudas con intereses fijos antiguos pueden ser más fáciles de pagar debido a la devaluación de la moneda, la empresa podría perder oportunidades de inversión al destinar recursos a la amortización de deudas.

Solución: Realizar un análisis detallado para equilibrar la amortización de deudas y las oportunidades de inversión. Invertir en instrumentos con rendimientos ajustados a la inflación, como letras y obligaciones del tesoro, puede ser beneficioso.

Gestión de excedentes de tesorería:

Problemática: El uso de excedentes de tesorería para amortizar deudas mejora la solvencia, pero puede limitar la capacidad de la empresa para invertir o capitalizar oportunidades de mercado.

Solución: Desarrollar una estrategia financiera que equilibre la reducción de deudas y la inversión de excedentes. Considerar opciones de inversión que ofrezcan una buena relación riesgo-rendimiento.

Atractivo para inversores:

Problemática: La amortización de deudas puede hacer que las acciones de la empresa sean más atractivas para los inversores, pero también puede limitar la capacidad de la empresa para reinvertir en crecimiento y desarrollo.

Solución: Comunicar claramente la estrategia financiera a los accionistas e inversores para mantener su confianza y apoyo.

Estrategias generales para la gestión del pasivo no corriente:

Evaluación de la estructura de deuda: Revisar regularmente la estructura de deuda para asegurarse de que sigue siendo óptima en el contexto actual.

Diversificación de fuentes de financiación: Explorar diferentes opciones de financiamiento para no depender excesivamente de una sola fuente o tipo de instrumento.

Seguimiento de las condiciones del mercado: Estar atentos a las tendencias de los tipos de interés y las oportunidades de inversión para tomar decisiones informadas.

5.6 PATRIMONIO NETO

En relación con el capital social, las reservas y el resto de los componentes del patrimonio neto, sobre todo en función de su mayor o menor antigüedad en el balance, la pregunta a hacerse sería: ¿cómo sufren la pérdida de valor del dinero por el incremento de precios en la economía?

Esta pregunta ha sido contestada brevemente en el punto 4 de este trabajo, en el que, mediante el mecanismo de incorporar una reserva de revalorización (actualización), explicamos cómo podemos evitar una erosión mayor en esta masa patrimonial debido a los efectos de una escalada de precios sostenida en el tiempo.

Pérdida de valor del capital social y reservas:

Problemática: El capital social y las reservas reflejados en el balance representan un valor monetario que, con el tiempo y en un contexto de inflación, puede perder su poder adquisitivo. Esto significa que, aunque nominalmente el valor se mantenga, su capacidad para financiar operaciones o inversiones futuras disminuye.

Solución: La actualización de valores, a través de reservas de revalorización, permite ajustar el valor del patrimonio neto para reflejar más adecuadamente su valor actual en términos de poder adquisitivo.

Mecanismo de reserva de revalorización:

Funcionamiento: Este mecanismo implica la revaluación de los activos y pasivos de la empresa para reflejar su valor justo de mercado. Los ajustes resultantes en el valor de los activos se reflejan en las reservas de revalorización dentro del patrimonio neto.

Ventajas: Permite una representación más realista del valor de la empresa en el balance, protegiendo el patrimonio neto de la erosión por la inflación.

Antigüedad de los componentes del patrimonio neto:

Consideración: Los componentes más antiguos del patrimonio neto pueden estar más desfasados en términos de valor actual. Es crucial revaluar regularmente estos componentes para asegurar su relevancia y precisión.

Estrategias para la gestión del patrimonio neto:

Revaluación regular: Realizar revaluaciones periódicas del patrimonio neto para garantizar que refleja adecuadamente el valor actual de la empresa.

Transparencia en la información financiera: Comunicar claramente a los *stakeholders* las razones y los efectos de la revaluación para mantener la confianza y la transparencia.

Gestión de activos y pasivos: Asegurar que la gestión de activos y pasivos esté alineada con la estrategia de protección del patrimonio neto contra la inflación.

6.

Impacto en la información económica en la cuenta de pérdidas y ganancias

A continuación, como hemos hecho en el apartado anterior, vamos a valorar los efectos de la inflación en todas las partidas de la cuenta de resultados que, por simplicidad, escogemos nuevamente el modelo abreviado del PGC de 2007.

Valoramos el impacto como alto/medio/bajo por la inflación en cada una de las cuentas correspondientes al modelo.

Tabla 5. Grado de impacto en las cuentas de ingresos y gastos

Conceptos	Grado de impacto
1. Importe neto de la cifra de negocios.	Alto
2. Variación de existencias de productos terminados y en curso de fabricación.	Alto
3. Trabajos realizados por la empresa para su activo.	Alto
4. Aprovisionamientos.	Alto
5. Otros ingresos de explotación.	Alto

6. Gastos de personal.	Alto
7. Otros gastos de explotación.	Alto
8. Amortización del inmovilizado.	Medio/ Bajo
9. Imputación de subvenciones de inmovilizado no financiero y otras.	Bajo
10. Excesos de provisiones.	Bajo
11. Deterioro y resultado por enajenaciones del inmovilizado.	Medio
12. Ingresos financieros.	Medio/Alto
13. Gastos financieros.	Alto
14. Variación de valor razonable en instrumentos financieros.	Bajo
15. Diferencias de cambio.	Medio/Alto
16. Deterioro y resultado por enajenaciones de instrumentos financieros.	Medio
17. Impuestos sobre beneficios.	Alto

Para un análisis más detallado, seleccionamos las cuentas más relevantes en nuestra opinión para realizar los comentarios acerca de la problemática y gestión del impacto de la inflación.

A. IMPORTE NETO DE LA CIFRA DE NEGOCIO

En un entorno en el que los precios son volátiles y no encontramos un refugio contra la inflación, el consumo de productos y servicios se estanca y, por lo tanto, en algunas actividades, es muy probable que la cifra de ventas se reduzca. Esto, curiosamente, no sucede con empresas cuyos productos o servicios son de primera necesidad y en un ambiente de incertidumbre generan mayores ventas.

Otro punto sería que una empresa, para evitar perder demanda y seguir teniendo unos niveles de liquidez aceptables, redujese el precio o lo mantuviese a pesar de la oleada de aumentos en los costes de producción. Al aumentar los costes de adquisición de bienes de equipo, suministros, personal y materias primas, la empresa verá su margen de beneficio muy dañado incluso entrando en pérdidas.

Por el incremento de precios por la inflación o porque las economías domésticas reducen su poder adquisitivo y ahorran en compras el impacto en las ventas es valorado como alto.

Reducción de ventas en algunas actividades:

Problemática: En un entorno inflacionario, el consumo puede estancarse, llevando a una reducción en las ventas, especialmente en sectores donde los productos o servicios no son de primera necesidad.

Solución: Diversificar la oferta de productos o servicios para incluir aquellos que sean más resistentes a los cambios en el comportamiento del consumidor durante la inflación.

Aumento de ventas en productos de primera necesidad:

Observación: Empresas que ofrecen productos o servicios esenciales pueden experimentar un aumento en las ventas debido a la demanda constante o creciente, incluso en tiempos de incertidumbre económica.

Gestión de precios y costes:

Problemática: Mantener o reducir precios para conservar la demanda puede afectar negativamente los márgenes de beneficio debido al aumento en los costes de producción.

Solución: Implementar estrategias de fijación de precios dinámicas y buscar formas de optimizar y reducir costes operativos y de producción.

Disminución del poder adquisitivo:

Problemática: La inflación puede reducir el poder adquisitivo de los consumidores, lo que lleva a una disminución en el gasto y, por ende, en las ventas.

Solución: Ofrecer promociones, descuentos y opciones de financiamiento para los clientes, y explorar nuevos mercados o segmentos de clientes menos afectados por la inflación.

Estrategias generales para la gestión del importe neto de la cifra de negocio:

Innovación y adaptación de productos: Desarrollar productos o servicios que sean atractivos y accesibles para los consumidores en un entorno inflacionario.

Análisis de mercado: Realizar un análisis continuo del mercado para entender las tendencias del consumo y ajustar la estrategia de negocio.

Control de costes: Buscar eficiencias en la cadena de suministro, producción y operaciones para mantener los costes bajo control.

Comunicación con los clientes: Mantener una comunicación efectiva con los clientes para entender sus necesidades y adaptar la oferta de productos o servicios.

B. APROVISIONAMIENTOS. VARIACIÓN DE EXISTENCIAS. COSTES DE PRODUCCIÓN

En la cadena de valor de una empresa de producción, cuando aumenta enormemente el precio de los materiales para poder elaborar el producto se repercute en el precio del producto final, que si sigue la misma tendencia que la subida del proveedor, se puede llegar a producir una espiral alcista, es decir, si los precios finales se elevan al mismo ritmo que las materias primas, la inflación continuaría creciendo y peligra la estabilidad económica.

También es un factor la variación de existencias en los almacenes (depende de si una empresa tiene mucho stock o no para calibrar el impacto por la inflación y del sector de actividad que desarrolla si su ciclo económico es de corto o de largo plazo) y de los criterios de valoración para reconocer el coste de las existencias comerciales o productos terminados: *FIFO, PMP, LIFO* (no permitido a efectos contables) o *coste de producción* (en productos terminados). De ello ya hemos adelantado los comentarios en el apartado anterior [5.3.a)] de Existencias del balance.

Llamamos la atención de las principales consecuencias que consideraban los directivos algún mes después del conflicto en Ucrania que se observa en la ilustración 9 del estudio de KPMG/CEOE.

Ilustración 9. Principales aumentos de costes como
consecuencia del conflicto en Ucrania

El aumento de los costes de producción se considera la
principal consecuencia del conflicto en Ucrania

Costes de producción
| 61% |

Disrupción de las cadenas de suministro
| 49% |

Problemas de abastecimiento energético
| 39% |

Fuente: KPMG y CEOE

Los costes de producción y la rotura de los canales de suministro son dos grandísimas preocupaciones que la misma realidad económica de 2022 se ha encargado de corroborar plenamente. Además de los problemas de abastecimiento energético que han contribuido a incrementar los costes de suministros, como ampliaremos en el momento adecuado, por el incremento de precios en los aprovisionamientos, su imputación como costes de producción, la rotura en los canales de suministros por conflictos internacionales, básicamente valoramos el impacto de la inflación en aprovisionamientos y costes de materias primas y materias auxiliares como alto.

Incremento de precios de materiales:

Problemática: El aumento en los costes de materias primas puede llevar a un incremento en el precio del producto final, alimentando una espiral de inflación.

Solución: Buscar alternativas de suministro más económicas, renegociar contratos con proveedores, y considerar la sustitución de materiales por otros más asequibles si es viable.

Variación de existencias:

Problemática: La gestión de inventario se vuelve más compleja en un contexto inflacionario, especialmente en empresas con grandes stocks o con ciclos económicos de largo plazo.

Solución: Optimizar la gestión de inventarios utilizando métodos de valoración adecuados (FIFO, PMP) y considerar estrategias como la gestión *just-in-time* para minimizar el impacto de la inflación en las existencias.

Costes de producción y ruptura de canales de suministro:

Problemática: Los aumentos en los costes de producción y las interrupciones en la cadena de suministro pueden afectar gravemente la rentabilidad y operatividad de la empresa.

Solución: Diversificar las fuentes de suministro, establecer relaciones a largo plazo con múltiples proveedores, y considerar la localización de la producción para reducir la dependencia de cadenas de suministro internacionales.

Problemas de abastecimiento energético:

Problemática: El incremento en los costes energéticos contribuye significativamente al aumento de los costes de producción.

Solución: Implementar medidas de eficiencia energética y explorar fuentes alternativas de energía para reducir la dependencia de suministros energéticos volátiles.

Estrategias generales para la gestión de aprovisionamientos y costes de producción:

Gestión eficiente de inventarios: Utilizar estrategias de inventario eficientes para reducir el capital inmovilizado y los costes asociados a los stocks.

Flexibilidad en la cadena de suministro: Ser adaptable en la gestión de la cadena de suministro para responder rápidamente a cambios en el mercado y en la disponibilidad de materiales.

Control y reducción de costes: Identificar áreas donde se pueden reducir costes sin comprometer la calidad.

Análisis continuo del mercado: Mantenerse informado sobre las tendencias del mercado y los cambios en los costos de materias primas para anticipar y mitigar impactos.

C. GASTOS DE PERSONAL

Otro gran recurso productivo afectado en época inflacionista son los trabajadores y sus costes, que se manifiestan por la vía de los salarios.

La lógica económica dice que los salarios dependen de la productividad, y si una empresa reduce sus ventas y sus salarios se mantienen constantes, se reducirá el margen de beneficio de la empresa. A esto sumarle que, en un entorno de inflación en el que las familias exijan una subida de salario para hacer frente a la inflación (por la pérdida de poder adquisitivo), se produce un ciclo en el que la empresa merma aún más su beneficio y aumenta sus costes en gran medida. Es por esto por lo que muchas empresas con gran cantidad de trabajadores en estos escenarios deciden optar por la vía del despido o incluso solicitar un ERE o también un ERTE (instrumento que fue muy utilizado como consecuencia de la crisis de la COVID-19).

Esto obviamente es un problema, porque ya sea porque la empresa no obtiene beneficios (si se mantiene en el tiempo podría llegar incluso a desaparecer), como si los trabajadores son despedidos (se reduce aún más el consumo y cae más la demanda) se produce un ciclo constante de problemática económica y social que empeora más la situación.

Por el incremento necesario de retribuciones en los costes de personal y su imputación como costes de producción en procesos industriales, valoramos el impacto de la inflación en gastos de personal como alto.

Presión salarial y pérdida de poder adquisitivo:

Problemática: Con la inflación, los empleados pueden exigir aumentos salariales para compensar la pérdida de poder adquisitivo, lo que incrementa los costes de personal para la empresa.

Solución: Implementar ajustes salariales estratégicos, posiblemente vinculados a la productividad o a indicadores de inflación, para mantener un equilibrio entre la satisfacción del empleado y la sostenibilidad financiera.

Reducción de margen de beneficio:

Problemática: Si las ventas disminuyen y los salarios se mantienen o aumentan, los márgenes de beneficio de la empresa pueden verse significativamente afectados.

Solución: Optimizar los procesos para mejorar la eficiencia y la productividad, lo que puede ayudar a compensar el aumento de los costes de personal.

Despidos y ERTEs:

Problemática: En situaciones extremas, las empresas pueden verse obligadas a reducir su fuerza laboral o implementar ERTEs para mantener su viabilidad financiera.

Solución: Explorar alternativas a los despidos, como la reducción temporal de jornada, la reasignación de roles o la formación para aumentar la polivalencia del personal.

Efectos en la economía y la sociedad:

Problemática: Los despidos y la reducción de la capacidad adquisitiva de los trabajadores pueden llevar a una disminución en el consumo general, afectando a la demanda y empeorando la situación económica.

Solución: Participar en diálogos sociales y colaborar con gobiernos y sindicatos para encontrar soluciones equilibradas que protejan tanto a los empleados como a las empresas.

Estrategias generales para la gestión de gastos de personal:

Flexibilidad en la gestión laboral: Ser flexible y creativo en la gestión de recursos humanos, buscando soluciones que protejan tanto el empleo como la salud financiera de la empresa.

Inversión en capacitación y desarrollo: Invertir en la formación y desarrollo de los empleados para mejorar la eficiencia y la productividad.

Comunicación transparente: Mantener una comunicación abierta y transparente con los empleados sobre la situación financiera de la empresa y las medidas adoptadas.

D. OTROS GASTOS DE EXPLOTACIÓN. SUMINISTROS

Como veíamos en la carta del presidente de Iberdrola, la energía se encarecía en 2022, y no es casualidad, ya que una de las variables que pondera en el IPC es la energía, que, junto con los problemas de abastecimiento por la guerra entre Rusia y Ucrania, produjeron una subida del precio absurda. Obviamente, analizar la situación de Iberdrola o Endesa (como haremos en el apartado 7) no va a ser la misma que la de cualquier otra empresa que tenga producción, ya que los suministros son necesarios para la cadena de producción, y al encarecerse merman los resultados empresariales de forma muy significativa, para Iberdrola y las empresas de energía la cifra de negocios se «beneficia» de este encarecimiento.

Hemos visto una cantidad importante de casos durante 2022 y 2023 en los que muchas PYMES han tenido que cerrar debido, en buena parte, a los grandes costes que tenían por los suministros de gas y electricidad respecto a periodos anteriores, y su importancia en la estructura de costes del negocio (panaderías, restaurantes, hoteles, agrarias, etc.).

Si el incremento de algún recurso productivo necesario tuvo un especial protagonismo, y que necesitó de medidas excepcionales para no trasladarlo a las economías domésticas como la llamada «excepción ibérica», fue el coste de la energía y también acentuado por la disrupción de la cadena de suministros en los momentos más próximos al inicio de la guerra cómo de observa en tercer lugar de la ilustración 9. La imputación también como costes generales de producción en procesos industriales, hace que valoramos el impacto de la inflación en otros aprovisionamientos, y en particular en suministros de gas y electricidad necesariamente como alto.

Aumento del coste de la energía:

Problemática: El aumento en los costes de suministros de gas y electricidad, exacerbado por conflictos geopolíticos y problemas en la cadena de suministro, impacta significativamente en los costes operativos.

Solución: Buscar alternativas de suministro de energía más económicas, invertir en eficiencia energética y considerar fuentes de energía renovable para reducir la dependencia de los suministros tradicionales.

Impacto en PYMES:

Problemática: Las PYMES, con menor capacidad para absorber aumentos de costes, han enfrentado desafíos significativos, llevando a algunas al cierre.

Solución: Revisar y optimizar la estructura de costes, buscar subvenciones o ayudas gubernamentales disponibles y considerar la reestructuración de operaciones para mejorar la eficiencia.

Disrupción de la cadena de suministros:

Problemática: La interrupción de la cadena de suministros ha exacerbado el problema, aumentando los costes y afectando la disponibilidad de recursos esenciales.

Solución: Diversificar las fuentes de suministro, establecer acuerdos a largo plazo con proveedores y desarrollar planes de contingencia.

Estrategias generales para la gestión de suministros y otros gastos de explotación:

Eficiencia y diversificación energética: Invertir en tecnologías que mejoren la eficiencia energética y explorar alternativas energéticas más sostenibles y económicas.

Negociación con proveedores: Renegociar contratos con proveedores para obtener mejores tarifas o condiciones.

Gestión de riesgos y planificación: Implementar una gestión de riesgos sólida y desarrollar planes estratégicos para abordar posibles escenarios de aumento de costes.

E. GASTOS FINANCIEROS

Al hablar de gastos financieros es clara la relación que hay que hacer con el tipo de interés (vigente en los mercados de crédito y monetarios) y de estos con el control de la inflación desbocada.

La deuda permite a las empresas usar el efecto palanca y mejorar su rentabilidad, pero con una inflación desbocada, los tipos subiendo y la restricción de deuda generan que estos gastos financieros aumenten y reducen los beneficios de las empresas.

Impresiona ver el ritmo en escaso tiempo de cómo han subido. Obsérvese la ilustración 2, desde una zona de intereses negativo hasta el último incremento en octubre 2023 hasta situarlos en el porcentaje actual, es decir, una rápida subida de los tipos de interés, abandonando la zona negativa después de más de seis años consecutivos. Seguro que es más gráfico aún leer o escuchar lo que acostumbra a señalar la prensa, ¿cuánto se encarece la cuota mensual de un préstamo tipo en importe, años e interés variable con diferencial sobre el Euribor 1 año cada mes con cada nueva actualización del Euribor?

Impacto de la inflación en los gastos financieros

Incremento de los tipos de interés:

Problemática: La subida de los tipos de interés para combatir la inflación aumenta los costes de los préstamos y créditos, especialmente aquellos con intereses variables.

Solución: Considerar la refinanciación o reestructuración de deudas existentes a tasas fijas o más favorables, o buscar opciones de financiamiento alternativas con menores tasas de interés.

Aumento de los gastos financieros:

Problemática: El incremento en los tipos de interés puede llevar a un aumento sustancial en los gastos financieros, reduciendo los márgenes de beneficio de las empresas.

Solución: Realizar un análisis exhaustivo de la estructura de deuda y evaluar la viabilidad de reducir la exposición a deudas con intereses variables.

Efecto del Euribor en préstamos y créditos:

Problemática: La actualización del Euribor afecta directamente a las cuotas de préstamos y créditos, incrementando los costes para las empresas.

Solución: Seguimiento de la tendencia del Euribor y anticipar posibles incrementos en las cuotas de préstamos para planificar adecuadamente el flujo de caja.

Estrategias generales para la gestión de gastos financieros:

Gestión proactiva de deudas: Evaluar continuamente la estructura de deuda de la empresa y buscar oportunidades para mejorar las condiciones de financiamiento.

Diversificación de fuentes de financiamiento: Explorar fuentes alternativas de financiamiento que ofrezcan condiciones más favorables.

Planificación financiera y presupuestaria: Integrar proyecciones de tipos de interés en la planificación financiera y presupuestaria para anticipar y mitigar el impacto en los gastos financieros.

F. IMPUESTO DE SOCIEDADES

El efecto impositivo es más desconocido, no se suele informar a las familias y a las empresas del impacto que tiene la inflación en los impuestos. El Estado se beneficia de la inflación debido a que las tasas reales son superiores a las nominales. Es decir, se tiene que hacer frente a los tipos impositivos de siempre con una pérdida del valor del dinero. El denominado «impuesto oculto» hace que en épocas de inflación el Estado recaude más.

Cómo decíamos en los gastos financieros, si hacemos un paralelismo con la economía familiar, el incrementar las rentas de trabajo o de otra naturaleza, el denominado «impuesto oculto» hace que en épocas de inflación el Estado recaude más, en este caso, sería por el IRPF a las personas físicas.

A las variables anteriores, que además tienen un gran impacto en los resultados empresariales, añadimos, por citar un ejemplo en sentido contrario, las amortizaciones del inmovilizado del ejercicio. Serán insensibles al impacto inflacionista al basar su cálculo en valores de coste de los inmovilizados. Excepto por aquellos adquiridos a un coste actualizado del ejercicio corriente (a precio actual con el impacto de inflación) apenas afectará, por ello hemos considerado medio/bajo su efecto.

Incremento de la recaudación fiscal:

Problemática: En períodos de inflación, el «impuesto oculto» genera una mayor recaudación por parte del Estado, ya que las empresas pagan impuestos sobre ingresos nominales más altos, aunque su poder adquisitivo real no haya aumentado.

Solución: Una planificación fiscal cuidadosa y estratégica es esencial para mitigar el impacto de la inflación en la carga tributaria.

Paralelismo con la economía familiar y el IRPF:

Observación: Al igual que en el Impuesto de Sociedades, las familias también enfrentan un mayor gravamen en términos reales en el IRPF debido a la inflación, ya que sus ingresos nominales aumentan pero su poder adquisitivo no necesariamente lo hace.

Estrategias para la gestión del impuesto de sociedades en contextos inflacionarios:

Planificación fiscal avanzada: Evaluar constantemente las estrategias fiscales para aprovechar al máximo las deducciones y créditos fiscales disponibles.

Seguimiento de cambios normativos: Estar atento a los cambios en la legislación fiscal que puedan ofrecer oportunidades o presentar desafíos adicionales en un entorno inflacionario.

Análisis de impacto fiscal: Realizar análisis de impacto fiscal regularmente para entender cómo la inflación y los cambios en la política fiscal afectan a la empresa.

7.

Cómo se han comportado esos impactos en algunos empresas/sectores en 2022

Se han visto o no afectados por la inflación en el ejercicio 2022 algunas de las empresas mencionadas en el apartado 3º y otras nuevas traídas a este apartado, ¿en qué sentido?

Para responder a esa pregunta concreta, accedemos a los estados financieros básicos de los ejercicios 2021 y 2022 de las empresas que se detallan en la tabla 5 y observamos cómo han variado aquellas magnitudes y aquellas ratios que consideramos más importantes para conseguir dar una breve y eficaz respuesta al objetivo del trabajo. En el caso conjunto de las PYMES extraemos el efecto de las mismas en la información de la patronal en su informe referido al cuarto trimestre de 2022.

Debemos recordar que la referencia para medir las variaciones experimentadas en las cifras económicas de la información empresarial en 2022 es un IPC del 8,4 %.

Para unificar la obtención de la información económico-financiera nos hemos basado en la que ofrece la **Base de Datos SABI para empresas no financieras; la entidad bancaria de la muestra es**

información propiamente de la misma, y hemos utilizado aquellas variaciones que puedan ser más significativas para justificar el impacto de la inflación, fundamentalmente las referidas a cifra de negocios, resultados, márgenes y rentabilidades; no ha sido tan relevante comentar las que ofrecen más adecuadamente información financiera y patrimonial. No es objeto el análisis económico-financiero en detalle de las entidades elegidas ni la comparación entre empresas.

Cómo el negocio es diferenciado a las del resto, especialmente en la actividad bancaria, el nombre de las ratios, de los conceptos, de los márgenes, de los ingresos y de los costes no serán exactamente idénticos en las tablas referidas a esta última.

Tabla 6. Detalle empresas y sectores analizados

Empresa	Sector	Clase sociedad
Cepsa	Otros combustibles líquidos	Anónima
Repsol	Otros combustibles líquidos	Anónima
Iberdrola	Energía	Anónima
Endesa	Energía	Anónima
Inditex	Textil	Anónima
Mercadona	Distribución	Anónima
Meliá	Hotelero	Anónima
CaixaBank	Financiero	Anónima
Anecoop	Agroalimentario	Cooperativa

Este análisis comparativo entre 2021 y 2022 se muestra en los cuadros elaborados a continuación.

7.1 CEPSA

Tabla 7. Ratios de CEPSA 2021-2022

(En miles de euros)		CEPSA (22)	CEPSA (21)	%variación
Liquidez				
Existencias+Deudores-Acreedores		3.221.260 €	2.796.171 €	15,20%
Test Acid	AC-exist/PC	0,70	0,72	-2,78%
R. Solvencia	AC/PC	1,23	1,33	-7,52%
Solvencia				
Endeudamiento	P-PN/P	71,29	70,43	1,22%
Garantía	A/P	1,40	1,42	-1,22%
Rentabilidad				
Ingresos de explotación	Ventas	33.537.730 €	24.579.980 €	36,44%
Resultado del ejercicio	PyG	1.099.662 €	660.953 €	66,38%
ROA	Beneficio bruto/A	14,16%	9,35%	51,44%
ROE	Beneficio bruto/PN	49,32%	31,63%	55,93%
Empleados	NºEmpleados	9.992	9.783	2,14%
Margen de beneficios	BAI/Ingresos explotación	7,12%	5,58%	27,60%

Fuente: SABI Informa

CEPSA ha experimentado un significativo crecimiento económico en su desempeño de 2021 a 2022. Las ventas han aumentado notablemente, y el resultado del ejercicio ha mejorado de manera impresionante. El incremento en la rentabilidad sugiere una gestión eficaz de los costes y un sólido rendimiento operativo. La empresa ha logrado estos resultados en un entorno de inflación creciente, lo que indica una capacidad para manejar los costes y optimizar los precios de venta.

Ventas: Hubo un incremento del 36,44 % en ventas, lo que refleja un fuerte crecimiento en el volumen de negocios y/o ajustes en los precios.

Resultado del ejercicio (PyG): Con un aumento del 66,38 %, el resultado neto de CEPSA ha mejorado considerablemente, indicando que este incremento en ventas ha sido eficientemente rentabilizado.

Margen de beneficios: El margen de beneficios aumentó en un 27,60 %, lo cual es una señal de que la empresa no solo ha vendido más, sino que también ha mejorado la proporción de esas ventas que se convierten en beneficios netos.

El entorno inflacionario ejerce presión sobre los costes de producción y operación. Sin embargo, CEPSA ha mostrado un **aumento en los márgenes de beneficio, lo que indica que ha podido trasladar parte o la totalidad de los costes adicionales a sus clientes o ha encontrado otras eficiencias operativas para compensar los costes inflacionarios.**

Rentabilidades: El aumento en el ROA y el ROE también sugiere que la empresa ha sido capaz de generar más beneficios de sus activos y patrimonio, respectivamente, lo cual es un indicador de que la inflación no ha erosionado la rentabilidad de la empresa.

7.2 REPSOL

Tabla 8. Ratios de Repsol 2021-2022

(En miles de euros)		REPSOL (22)	REPSOL (21)	%variación
Liquidez				
Existencias+Deudores-Acreedores		11.577.000 €	8.243.000 €	40,45%
Test Acid	AC-exist/PC	1,12	0,99	13,13%
R. Solvencia	AC/PC	1,55	1,30	19,23%
Solvencia				
Endeudamiento	P-PN/P	56,69	59,48	-4,69%
Garantía	A/P	1,76	1,68	4,93%
Rentabilidad				
Ingresos de explotación	Ventas	76.678.000 €	51.411.000 €	49,15%
Resultado del ejercicio	PyG	4.251.000 €	2.499.000 €	70,11%
ROA	Beneficio bruto/A	11,97%	7,70%	55,45%
ROE	Beneficio bruto/PN	27,64%	18,99%	45,55%
Empleados	NºEmpleados	23.770	23.900	-0,54%
Margen de beneficios	BAI/Ingresos explotación	9,36%	8,42%	11,16%

Fuente: SABI Informa

Repsol ha mostrado un desempeño sobresaliente en el año 2022 en comparación con el 2021. Los indicadores claves como las ventas y el resultado del ejercicio han aumentado significativamente, lo cual es indicativo de una exitosa estrategia comercial y operativa en el contexto de un mercado energético volátil y en medio de presiones inflacionarias globales.

La inflación generalmente incrementa los costes de los bienes y servicios que una empresa como Repsol necesita para operar. A pesar de esto, **la compañía ha mejorado sus márgenes de beneficio, lo** que sugiere que ha podido trasladar estos costes a los precios de sus productos o servicios, o bien, ha encontrado eficiencias en otros lugares de su estructura de costes.

La mejora en el ROA y el ROE indica que Repsol ha sido eficaz en la generación de beneficios a partir de sus activos y capital, respectivamente, lo cual es un buen indicador de la capacidad de la empresa para manejar el entorno inflacionario sin perjudicar su rentabilidad.

En la Tabla 9 resumimos las variaciones de estas dos empresas representativas del sector Otros combustibles líquidos.

Destacan los porcentajes muy superiores al encarecimiento medio de los productos, están mucho más alineados con la variación sectorial y la estructura de gastos en los hogares españoles de la Ilustración 6.

Tabla 9. Variaciones indicadores económico-financieros CEPSA-Repsol

Indicadores económico-financieros	CEPSA (2021-2022)	REPSOL (2021-2022)
Crecimiento de ventas	36,44 %	49,15 %
Resultado del ejercicio (PyG)	66,38 %	70,11 %
ROA (rentabilidad sobre activos)	55,45 %	51,44 %
ROE (rentabilidad sobre patrimonio neto)	55,93 %	45,55 %
Margen de beneficios	27,60 %	11,16 %
Variación en número de empleados	2,14 %	-0,54 %

Impacto de la guerra y la inflación: Ambas empresas operan en un sector directamente afectado por los precios del petróleo y la energía, que han sido volátiles debido al conflicto en Europa del Este y las presiones inflacionarias.

7.3 IBERDROLA

Tabla 10. Ratios de Iberdrola 2021-2022

(En miles de euros)		IBERDROLA (22)	IBERDROLA (21)	%variación
Liquidez				
Existencias+Deudores-Acreedores		7.711.000 €	7.898.000 €	-2,37%
Test Acid	AC-exist/PC	0,73	0,80	-8,75%
R. Solvencia	AC/PC	0,81	0,92	-11,85%
Solvencia				
Endeudamiento	P-PN/P	61,62	59,52	3,53%
Garantía	A/P	1,62	1,68	-3,41%
Rentabilidad				
Ingresos de explotación	Ventas	54.031.000 €	39.114.000 €	38,14%
Resultado del ejercicio	PyG	4.339.000 €	3.885.000 €	11,69%
ROA	Beneficio bruto/A	4,07%	4,45%	-8,58%
ROE	Beneficio bruto/PN	10,60%	10,98%	-3,46%
Empleados	NºEmpleados	40.090	38.702	3,59%
Margen de beneficios	BAI/Ingresos explotación	11,65%	16,11%	-27,68%

Fuente: SABI Informa

Iberdrola ha registrado un desempeño significativo en un período de alta inflación, con ventas que han alcanzado cifras récord de 54 031 millones de euros en 2022, un aumento del 38,14 % con respecto a los 39 114 millones de euros en 2021.

Los márgenes sobre ventas se han reducido siendo del 11,65 % en 2022 en comparación con el 16,11 % en 2021. Sin embargo, a pesar de este decremento en los márgenes, el incremento sustancial en las ventas ha permitido a Iberdrola obtener un resultado de ejercicio récord de 4339 millones de euros en 2022, lo que representa un aumento del 11,69 % respecto a los 3885 millones de euros en 2021.

Ventas: Un significativo incremento del 38,14 % en ventas es destacable y, si se compara con la tasa de inflación, puede indicar un crecimiento real en términos de volumen o un incremento en los precios de venta, o una combinación de ambos.

Resultado del ejercicio: El aumento del 11,69 % en el resultado del ejercicio no es proporcional al incremento en ventas, lo que puede sugerir que la inflación ha tenido un impacto en los costes operativos o en los costes de los bienes vendidos.

Margen de beneficios: La disminución del 27,68 % en el margen de beneficios es un indicador de que, aunque las ventas han aumentado, la empresa ha enfrentado desafíos significativos para mantener sus beneficios, lo que probablemente esté relacionado con el aumento de los costes debido a la inflación.

El hecho de que los márgenes de beneficio hayan disminuido mientras que el resultado del ejercicio ha aumentado, aunque no proporcionalmente, indica que la empresa ha podido generar más ingresos, pero a un coste más alto, lo cual ha afectado negativamente la rentabilidad.

7.4 ENDESA

Tabla 11. Ratios de Endesa 2021-2022

(En miles de euros)		ENDESA (22)	ENDESA (21)	%variación
Liquidez				
Existencias+Deudores-Acreedores		3.023.000 €	2.650.000 €	14,08%
Test Acid	AC-exist/PC	0,86	0,65	32,31%
R. Solvencia	AC/PC	0,96	0,74	29,73%
Solvencia				
Endeudamiento	P-PN/P	87,99	85,49	2,92%
Garantía	A/P	1,14	1,17	-2,84%
Rentabilidad				
Ingresos de explotación	Ventas	32.896.000 €	20.899.000 €	57,40%
Resultado del ejercicio	PyG	2.541.000 €	1.435.000 €	77,07%
ROA	Beneficio bruto/A	6,98%	4,81%	45,11%
ROE	Beneficio bruto/PN	58,13%	33,18%	75,20%
Empleados	NºEmpleados	9.143	9.484	-3,60%
Margen de beneficios	BAI/Ingresos explotación	10,60%	9,21%	15,09%

Fuente: SABI Informa

Ventas: El aumento del 57,40 % en ventas entre 2021 y 2022 es excepcional y puede estar impulsado por varios factores. Por un lado, podría deberse a un incremento en la demanda de energía, la diversificación de servicios o una expansión en nuevos mercados.

Por otro, este aumento también podría reflejar ajustes de precios en respuesta a la inflación y los cambios en los costes de generación energética.

En un contexto inflacionario, es importante destacar que un aumento en las ventas no siempre es sinónimo de un aumento en la cantidad de energía vendida; también puede estar influido por la subida de precios que las empresas energéticas han tenido que aplicar para cubrir los mayores costes de producción.

Resultado del ejercicio (PyG): El resultado del ejercicio muestra un incremento aún más pronunciado del 77,07 %. Esto es notable ya que indica que Endesa no solo ha incrementado sus ingresos, sino que ha sido eficiente en la gestión de sus costes operativos y financieros, maximizando el resultado neto.

Este resultado podría deberse a una combinación de eficiencia operativa, como la reducción de costes y una mejor gestión de la cadena de suministro, así como a una gestión eficaz del *mix* de generación energética, equilibrando fuentes de energía de bajo coste y las inversiones en tecnologías renovables que pueden haber empezado a rendir frutos.

ROA y ROE:

El retorno sobre activos (ROA) y el retorno sobre el patrimonio (ROE) han aumentado considerablemente, 45,11 % y 75,20 % respectivamente. Esto sugiere que Endesa ha utilizado sus activos y el capital invertido por los accionistas de manera muy eficiente para generar beneficios.

Un ROA elevado señala que la empresa está generando buenos beneficios con menos inversión en activos, lo cual es un indicador de eficiencia operativa y de inversión.

Un ROE alto es especialmente significativo para los inversores, ya que indica que están recibiendo un retorno sustancialmente mayor por cada euro invertido en la empresa.

Margen de beneficios:

El margen de beneficios, que ha aumentado un 15,09 %, refleja la habilidad de la empresa para convertir los ingresos en beneficio neto. Un aumento en este margen en un período inflacionario es un indicativo de una gestión de precios fuerte y una vigilancia estricta sobre los costos operativos.

En periodos de alta inflación, como el que se ha experimentado recientemente, las empresas energéticas a menudo **pueden transferir parte o todo el aumento de los costos a los consumidores** debido a la naturaleza esencial de sus servicios. Sin embargo, esto puede ser contraproducente si los consumidores reducen su consumo o buscan alternativas más económicas.

En la Tabla 12 resumimos las variaciones de estas dos empresas representativas del sector Electricidad. Destacan los porcentajes muy superiores al encarecimiento medio de los productos, mucho más alineados con la variación de precios por sectores de la estructura de gastos en los hogares españoles.

Tabla 12. Variación indicadores económico-financieros Iberdrola-Endesa

Indicadores económico-financieros	Iberdrola (2021-2022)	Endesa (2021-2022)
Crecimiento de ventas	38,14 %	57,40 %
Resultado del ejercicio (PyG)	11,69 %	77,07 %
ROA (rentabilidad sobre activos)	-8,58 % (variación)	45,11 %
ROE (rentabilidad sobre patrimonio neto)	-3,49 % (variación)	75,20 %
Margen de beneficios	-27,68 % (variación)	15,09 %

Impacto de la guerra y la inflación: Ambas empresas operan en un sector directamente afectado por los precios del petróleo y la energía, que han sido volátiles debido al conflicto en Europa del Este y las presiones inflacionarias.

7.5 INDITEX

Tabla 13. Ratios de Inditex 2021-2022.
Ejercicios del 1 febrero al 31 de enero

(En miles de euros)		INDITEX (22)	INDITEX (21)	%variación
Liquidez				
Existencias+Deudores-Acreedores		-179.000 €	-2.096.000 €	91,46%
Test Acid	AC-exist/PC	1,41	1,32	6,82%
R. Solvencia	AC/PC	1,80	1,69	6,51%
Solvencia				
Endeudamiento	P-PN/P	43,19	45,56	-5,20%
Garantía	A/P	2,32	2,20	5,47%
Rentabilidad				
Ingresos de explotación	Ventas	32.569.000 €	27.716.000 €	17,51%
Resultado del ejercicio	PyG	4.130.000 €	3.243.000 €	27,35%
ROA	Beneficio bruto/A	17,87%	14,51%	23,16%
ROE	Beneficio bruto/PN	31,46%	26,65%	18,05%
Empleados	NºEmpleados	164.996	165.042	-0,03%
Margen de beneficios	BAI/Ingresos explotación	16,45%	15,15%	8,58%

Fuente: SABI Informa

Inditex ha mostrado un desempeño robusto en 2022 en comparación con 2021, con un aumento significativo en las ventas y un notable incremento en el resultado del ejercicio por encima de los niveles de aumento del IPC. La empresa ha mejorado los márgenes sobre ventas y ha mostrado una eficiencia operativa reflejada en el incremento de ROA y ROE. Estos resultados están influenciados por una gestión de costes efectiva y una adaptación estratégica al entorno inflacionario.

Ventas: Las ventas aumentaron un 17,51 %, lo que indica una recuperación sólida y un crecimiento significativo en la capacidad de Inditex para generar ingresos, posiblemente debido a la expansión, la recuperación postpandemia y las estrategias de precios efectivas.

Resultado del ejercicio (PyG): Hubo un aumento del 27,35 % en el resultado del ejercicio, lo que sugiere que Inditex no solo ha aumentado las ventas sino que también ha mejorado considerablemente la rentabilidad.

Margen de beneficios: El margen de beneficios creció un 8,58 %, lo cual significa que fue casi coincidente con la variación de precios del año 2022.

La inflación puede afectar tanto los costes de producción y operativos como los precios al consumidor. El incremento en el margen de beneficios sugiere que Inditex ha podido trasladar parcialmente al menos los costes inflacionarios a los clientes o ha encontrado eficiencias operativas para absorber dichos costes o combinación de ambos factores.

El aumento en ROA y ROE indica que la empresa ha manejado efectivamente sus activos y patrimonio para generar mayores beneficios, lo que puede ser desafiante en un entorno inflacionario.

7.6 MERCADONA

Tabla 14. Ratios de Mercadona 2021-2022

(En miles de euros)		MERCADONA (22)	MERCADONA (21)	%variación
Liquidez				
Existencias+Deudores-Acreedores		-61.338 €	-74.205 €	17,34%
Test Acid	AC-exist/PC	0,87	0,85	2,35%
R. Solvencia	AC/PC	1,07	1,03	3,88%
Solvencia				
Endeudamiento	P-PN/P	35,41	34,96	1,29%
Garantía	A/P	2,82	2,86	-1,28%
Rentabilidad				
Ingresos de explotación	Ventas	28.497.690 €	25.601.647 €	11,31%
Resultado del ejercicio	PyG	361.814 €	334.184 €	8,27%
ROA	Beneficio bruto/A	7,02%	6,78%	3,54%
ROE	Beneficio bruto/PN	10,86%	10,43%	4,12%
Empleados	NºEmpleados	108.150	106.412	1,63%
Margen de beneficios	BAI/Ingresos explotación	3,17%	3,14%	0,96%

Fuente: SABI Informa

La inflación elevada puede afectar de varias maneras a una empresa de distribución como Mercadona. Generalmente, puede incrementar los costes de los bienes vendidos y los costes operativos, pero también puede permitir un aumento de precios al consumidor, lo que potencialmente aumenta los ingresos.

Incremento de ventas: El aumento del 11,31 % en ventas es significativo. En un contexto inflacionario, este aumento podría deberse tanto a un incremento en los precios como a un aumento en las unidades vendidas. La distinción sería importante para entender la variación en precios o volúmenes de la empresa.

Si el incremento de precios contribuyó significativamente a este aumento de ventas, sería esencial comparar el crecimiento de las ventas con la tasa de inflación para determinar si hubo un crecimiento real en términos de volumen.

Margen de beneficios: Un incremento de 0,96 % en el margen de beneficios es relativamente modesto. En un entorno de alta inflación, mantener o incrementar los márgenes puede ser desafiante debido al aumento de los costes. Este leve aumento sugiere que Mercadona **ha podido, hasta cierto punto, trasladar los costes inflacionarios a los clientes** o encontrar eficiencias operativas.

Resultado del ejercicio: El aumento del 8,27 % en el resultado del ejercicio (PyG) indica que Mercadona no solo ha aumentado las ventas, sino que también ha logrado convertir ese aumento en una mayor rentabilidad neta. Esto sugiere que el control de costes y la estrategia de precios han sido efectivos durante este período inflacionario.

El hecho de que las ventas y el resultado del ejercicio hayan aumentado en proporciones significativas, junto con un leve incremento en el margen de beneficios, sugiere que Mercadona ha gestionado eficientemente sus operaciones en un período de inflación elevada.

Es posible que Mercadona haya aumentado los precios de venta para compensar la inflación de costes, lo que se reflejaría en el aumento de las ventas y los márgenes de beneficios. **Sin embargo, el aumento en los márgenes de beneficios es menor que el aumento en las ventas, lo cual puede indicar que no todos los costes adicionales se han trasladado a los consumidores. Ha «sacrificado» un porcentaje de su margen en ventas.**

7.7 MELIÁ

Tabla 15. Ratios de Meliá 2021-2022

(En miles de euros)		MELIÁ (22)	MELIÁ (21)	%variación
Liquidez				
Existencias+Deudores-Acreedores		-61.338 €	-74.205 €	17,34%
Test Acid	AC-exist/PC	0,48	0,37	29,73%
R. Solvencia	AC/PC	0,52	0,40	30,00%
Solvencia				
Endeudamiento	P-PN/P	89,66	92,18	-2,73%
Garantía	A/P	1,12	1,08	2,80%
Rentabilidad				
Ingresos de explotación	Ventas	1.679.774 €	827.208 €	103,07%
Resultado del ejercicio	PyG	110.693 €	-192.900 €	157,38%
ROA	Beneficio bruto/A	3,59%	-5,16%	169,57%
ROE	Beneficio bruto/PN	34,78%	-65,98%	152,71%
Empleados	NºEmpleados	6.658,00	4.095,00	62,59%
Margen de beneficios	BAI/Ingresos explotación	9,31%	-26,28%	135,43%

Fuente: SABI Informa

Meliá Hotels International, en el período 2021-2022, ha mostrado una notable recuperación, evidenciada por un crecimiento significativo en las ventas y una mejora impresionante en el resultado del ejercicio. A pesar de la inflación generalizada, la empresa ha aumentado sus márgenes de beneficio, lo que sugiere una gestión de precios y costes altamente eficiente. Estos resultados sugieren una recuperación robusta del sector hotelero después de los desafíos de la pandemia.

Ventas: El crecimiento de las ventas en un 103,07 % indica una recuperación vigorosa, probablemente impulsada por la reanudación de viajes internacionales y el turismo. Este incremento puede estar parcialmente explicado por la inflación, pero tal aumento sugiere también un volumen de negocio significativamente mayor.

Márgenes de beneficio: Un aumento en el margen de beneficios del 135,43 % es extraordinario y señala que Meliá no solo ha aumentado los precios de manera efectiva sino que también ha controlado los costes operativos. Esto puede reflejar una optimización en la gestión de sus operaciones y una estrategia de precios dinámica.

La inflación afecta tanto a los costes como a los precios en la industria hotelera. El aumento de costes de energía, alimentos y bebidas, así como posibles incrementos en salarios, pueden reducir los márgenes si no se gestionan adecuadamente. Sin embargo, el aumento en los márgenes de beneficio de Meliá sugiere **que ha podido trasladar estos costes a los clientes** sin afectar la demanda negativamente.

Traemos a continuación como aproximación al entorno del negocio en 2022 alguno de los comentarios leídos sobre el impacto en el sector hotelero:

«Ocho de cada diez empresarios hosteleros ya están notando un cambio en el comportamiento de los clientes», que queda reflejado en un menor gasto medio cada vez que acuden a estos locales y en una menor afluencia.

«Las hoteleras han subido notablemente las tarifas para hacer frente a los costes energéticos y de suministros que han afectado a la economía en los últimos meses».

7.8 CAIXABANK

*Tabla 16: Ratios de rentabilidad de
CaixaBank 2021-2022. Variación*

En millones de euros / %	Enero - Diciembre		Variación
	2022	2021	
RESULTADOS			
Margen de intereses	6.916	5.975	15,7 %
Comisiones netas	4.009	3.705	8,2 %
Ingresos core	11.997	10.597	13,2 %
Margen bruto	11.594	10.274	12,8 %
Gastos de administración y amortización recurrentes	(6.020)	(5.930)	1,5 %
Margen de explotación	5.524	2.225	0,0 %
Margen de explotación sin gastos extraordinarios	5.574	4.344	28,3 %
Resultado atribuido al Grupo	3.145	5.226	(39,8)%
Resultado atribuido al Grupo sin extraordinarios fusión en 2021	3.145	2.359	33,3 %

Fuente: CAIXABANK

Analizar las entidades financieras, respecto a la información de las entidades no financieras, no es exactamente igual, dado que las ratios, su nombre y los elementos que se comparan son diferentes.

Como primer dato, y confirmando lo dicho ya varias veces a lo largo del documento, el margen de intereses aumenta de forma extraordinaria respecto al 2021, debido al aumento de los tipos de interés que aplica el BCE para frenar el impacto de la inflación.

Otro factor a tener en cuenta debido al aumento de los tipos de interés es el incremento de los ingresos fundamentales de la actividad bancaria, así como el margen de la actividad financiera.

La fuente de información es la propia CaixaBank y el dato del incremento del margen de explotación no es un fallo, al igual que el resultado atribuido al grupo, sino que, en palabras de ellos:

> Las ratios de 2021 no incluyen en el numerador los resultados de Bankia generados con anterioridad a 31 de marzo de 2021, fecha de referencia del registro contable de la fusión ni, por consistencia, la aportación en el denominador de las masas de balance o APR's previos a dicha fecha. Tampoco consideran extraordinarios asociados a la fusión.

Llama la atención los resultados atribuidos al grupo sin la fusión, que presenta también datos récord como lo sucedido en general en el sector bancario en el ejercicio de 2022, por el impacto creciente del aumento de los tipos de interés. En el sector bancario (financiero en general) la subida de tipos de interés como mecanismo para contener la inflación ha sido favorable para la recuperación del margen financiero, el aumento de ingresos financieros y el aumento de los resultados del ejercicio. **En este sector ha habido poca traslación de los costes financieros, lo más parecido a los de aprovisionamiento en empresas no financieras, a los «proveedores-clientes» de pasivo** (que serían ingresos para estos por facilitarles financiación-depósitos en el segmento de particulares, si en cambio al segmento de empresas clientes), de lo cual se ha beneficiado el margen financiero y el del ejercicio.

Tabla 17: Ratios de CaixaBank liquidez,
solvencia y su variación anual

En millones de euros / %	Enero - Diciembre		Variación
	2022	2021	
LIQUIDEZ			
Activos líquidos totales	139.010	168.349	-17,43%
Liquidity Coverage Ratio	194%	336%	-42,21%
Net Stable Funding Ratio (NSFR)	142,%	154,%	-7,79%
Loan to deposits	91%	89%	2,38%
SOLVENCIA			
Common Equity Tier 1 (CET1)	12,8%	13,1%	-2,14%
Tier 1	14,8%	15,5%	-4,54%
Capital total	17,4%	17,9%	-2,82%
MREL	26,0%	25,7%	1,25%
Activos ponderados por riesgo (APR)	214.431	215.651	-0,57%
Leverage Ratio	5,6%	5,3%	6,23%

Fuente: CAIXABANK

Las exigencias de adecuada liquidez y solvencia son requerimientos del BCE/BdE a las entidades bancarias bajo su supervisión, con umbrales mínimos que hay que superar y a pesar de la situación récord de resultados, en balance vemos que se ha reducido en el año 2022 respecto al 2021, destacar el proceso de fusión acometido para entender la actual CaixaBank.

7.9 ANECOOP

Tabla 18. Ratios de Anecoop 2021-2022. Ejercicio económico del 1 de octubre al 30 de septiembre

(En euros)		ANECOOP (22)	ANECOOP (21)	%variación
Liquidez				
Existencias+Deudores-Acreedores		18.103.019 €	30.865.892 €	-41,35%
Test Acid	AC-exist/PC	2,16	1,82	18,68%
R. Solvencia	AC/PC	2,21	1,85	19,46%
Solvencia				
Endeudamiento	P-PN/P	37,59	43,42	-13,43%
Garantía	A/P	2,66	2,30	15,49%
Rentabilidad				
Ingresos de explotación	Ventas	915.817.950 €	876.673.046 €	4,47%
Resultado del ejercicio	PyG	2.301.634 €	5.012.003 €	-54,08%
ROA	Beneficio bruto/A	1,40%	3,15%	-55,56%
ROE	Beneficio bruto/PN	2,25%	5,57%	-59,61%
Empleados	NºEmpleados	574	588	-2,38%
Margen de beneficios	BAI/Ingresos explotación	0,26%	0,65%	-60,00%

Fuente: SABI Informa

Anecoop ha experimentado una disminución significativa en el resultado del ejercicio 2022 comparado con 2021. Aunque las ventas muestran un ligero incremento (4,47 %), la rentabilidad ha disminuido de manera notable. Este comportamiento puede indicar que, aunque la empresa ha logrado aumentar sus ingresos, ha enfrentado retos significativos, posiblemente debido a un aumento en los costes asociados con la inflación.

Hay que recordar que los aprovisionamientos los recibe de los productos que le aportan sus cooperativas y sociedades agrarias socias fundamentalmente y que se traducen en los costes por liquidaciones que practica a las aportaciones de productos (compras) en la campaña. De todos los casos analizados, la peculiaridad de este es que estos costes son los ingresos de las cooperativas que serán el factor clave para la liquidación a su vez como ingresos de los agricultores al aportar los productos a la cooperativa base en un modelo de negocio basado en la estructura de cooperativa de primer y segundo grado en la comercialización.

Ventas: Hubo un incremento del 4,47 % en las ventas, lo que en un entorno de inflación podría indicar que la empresa ha aumentado los precios o ha crecido en volumen de ventas, o una combinación de ambos pero por debajo de la evolución del IPC referido a la fecha de cierre del ejercicio económico.

Resultado del ejercicio (PyG): Se observa una disminución del 54,08 % en el resultado del ejercicio, lo que sugiere que los costes y/o gastos se han incrementado en mayor medida que los ingresos.

Margen de beneficios: Una caída del 60 % en el margen de beneficios es indicativo de que el incremento en las ventas no se ha traducido en rentabilidad, lo cual podría reflejar un aumento en los costes de producción o gastos operativos que no han podido ser compensados por completo con el incremento de ventas.

La inflación puede haber tenido un impacto significativo en los costes de producción y operativos de Anecoop, afectando negativamente los márgenes de beneficio y la rentabilidad general de la empresa.

7.10 CÓMO SE COMPORTAN LAS PYMES

Una información adecuada la encontramos el Informe «Indicador CEPYME de pequeñas y medianas empresas» correspondiente al IV trimestre de 2022, que resume el trabajo de la siguiente manera:

La situación de las pymes empeora desde el segundo trimestre del año pasado. Los márgenes de las pequeñas y medianas empresas se contraen ante la inflación, el aumento de la carga financiera y la fuerte subida de los costes laborales, derivada de las mayores cotizaciones y el aumento del salario mínimo interprofesional (SMI).

Nuestro indicador desvela un entorno más adverso para las pymes que en 2019, ejercicio previo a la pandemia, justo antes de activarse nuevas subidas de los costes laborales a partir de 2023.

La inflación ha elevado la facturación nominal de las pymes en 2022, pero las ventas han caído, una evolución coherente con el debilitamiento del avance del empleo. Con todo, el pasado ejercicio cerró con una reducción del 0,1 % en el número de pymes, la primera que se produce desde 2013, después de un segundo semestre en el que dejó de regir la moratoria concursal.

Las pequeñas empresas han acusado más el deterioro de la coyuntura, justo cuando el tamaño medio de las pymes se reduce por décimo trimestre consecutivo y se constata una restricción del crédito.

8.

Conclusiones

La inflación ocasiona un gran impacto en la vida de las personas en función de las rentas y del porcentaje del IPC; también (como hemos comprobado a lo largo del trabajo) para las empresas que dirigen sus productos al mercado de consumidores les afecta en mayor o menor medida, al encontrarse con las tensiones de liquidez y la necesidad de ahorro de costes en sus compras e inversiones y de la primera necesidad o no del producto o servicio que ofrecen para las unidades familiares.

Dificultad que es doble para las personas y las empresas endeudadas porque el instrumento monetario para mitigar la inflación consistente en el aumento de los tipos oficiales de interés y la rápida réplica de este incremento del que se contagian los costes de financiación en el mercado monetario y de crédito.

La persistente situación de incremento de precios desde la segunda parte de 2021 hasta la actualidad es merecedora de una medida fiscal-contable, como la actualización contable como opción de acogerse por parte de las empresas al cierre del ejercicio 2023, dado que no ha habido esa posibilidad en 2022 para favorecer tanto la financiación interna como el mejor acceso al mercado de capitales de las empresas españolas. Hay que decir que no está prevista en la agenda gubernamental.

La inflación socava la calidad de vida de las personas hasta aumentar los porcentajes de pobreza en los países que la sufren, como también ocurre con la «merma» del patrimonio neto de las empresas si no se adoptan medidas como las aplicadas en años de elevada inflación.

El año 2022 ha sido duro en la adopción de decisiones por parte de los directivos empresariales como algunos directivos han expresado en su cartas o informes como presidentes o directores generales o CEO's y en las previsiones. La inflación, junto a los costes de producción, la disrupción de la cadena de suministros y los problemas de abastecimiento y costes de la energía, estos tres últimos como consecuencia básicamente del conflicto en Ucrania, han resultado retos importantes a los que se han enfrentado.

La posición y los importes en el balance como activos, pasivos o patrimonio neto tienen un impacto más o menos favorable por las consecuencias de la inflación, que hemos valorado su efecto en alto/medio/bajo. Pueden convertirse en «teóricas» ganancias o pérdidas monetarias por la gestión de los plazos y del tiempo en realizar esas posiciones, serán invisibles en la cuenta de resultado, pero deben estar presentes en la óptima gestión directiva de las empresas.

El análisis del impacto de la inflación en las diversas rúbricas del balance de situación revela la importancia de una gestión financiera adaptativa y proactiva.

Los activos y pasivos, tanto corrientes como no corrientes, junto con el patrimonio neto, están significativamente influenciados por la inflación, lo que afecta a la valoración, la rentabilidad y la solvencia de la empresa.

El impacto valorado en término de alto/medio/bajo por la inflación en cada una de las partidas de la cuenta de pérdidas y ganancias se estima alto para la mayoría de los componentes del modelo del PGC 2007.

Las ventas, los resultados, los márgenes, las rentabilidades empresariales y las posiciones de solvencia y liquidez en general en las empresas han mejorado o empeorado en función del sector de actividad económica que desarrollan, también parece una variable significativa el tamaño de las empresas.

No es posible generalizar el impacto en la situación económica, financiera y patrimonial para el conjunto de las empresas sin considerar o conocer la actividad o el negocio que realizan y la dimensión con la que operan. En algunas empresas de determinados sectores el importe de la cifra de negocios y de resultados en valores absolutos han sido récords en 2022, otras han debido de cerrar y en todas habrá supuesto dificultad y complejidad la gestión del ejercicio económico 2022. Lo que es indiscutible es que es más fácil evaluar las variaciones en los componentes de la cuenta de resultados que las del balance teniendo en cuenta la cifra de IPC acumulada en 2022 como referencia para medir esa evolución y el impacto de la inflación.

Nuestros resultados revelan que las grandes empresas de los sectores más importantes y en los sectores de actividad más sensibles a la variación de precios de nuestro país, por lo general, han sabido aprovechar esta situación favorablemente y en su correspondiente apartado tratamos de relacionar la traslación del aumento total o parcial de los costes de producción a los precios de venta en 2022.

Un análisis presentado en agosto de 2023 elaborado por integrantes del Departamento de Análisis Macrofinanciero y Política Monetaria del Banco de España con el título La traslación del aumento de los costes de producción a los precios de venta de las empresas no financieras en 2022 destacan las siguientes ideas principales:

Las empresas habrían trasladado, en promedio, a los precios de venta una parte sustancial del aumento de sus costes de producción en 2022, con una fuerte heterogeneidad por sectores.

En las ramas en las que los precios son históricamente más rígidos (aproximados por su menor volatilidad), la traslación del alza de los costes a los precios de venta habría sido más lenta.

El incremento de los costes de los insumos genera, de forma directa, un aumento de los precios de venta y de los costes laborales unitarios . . .

En el sector bancario (otro sector relevante) más importante que el incremento de precios es el incremento de los tipos de interés, aunque precisamente el incremento de precios es un motivo razonado para incrementar los tipos de interés. Para el sector bancario ha sido 2022 un excelente ejercicio en términos de beneficios récords, que tendrán continuidad en 2023, de hecho, en las principales entidades ha sido ya una realidad con la presentación de resultados en los últimos días de enero y primeros de febrero de 2024.

El aumento de los precios afecta a la situación financiera de las empresas viéndose afectada, en mayor o menor escala, según sea su solvencia y su endeudamiento. Teóricamente, en períodos de alza de precios la empresa necesita una mayor financiación, debido al aumento del coste de las materias primas, y al hecho del mantenimiento de la dimensión actual. A todo ello se une efectos habituales como la reducción de la liquidez y en ocasiones las políticas de endeudamiento con mayores tipos de interés. El control de los períodos de cobro a clientes y de pago a proveedores resulta muy conveniente, así como algunos conceptos económicos relevantes como el de eficiencia.

La inflación se va controlando, pero la observación de su evolución en el tiempo nos «garantiza» que volverá, la incertidumbre será cuándo, y en bastantes países ni la controlan ni se va, parece una constante en el tiempo.

Para entonces, quizás también para ahora, pueda servir como guía de la problemática, de las soluciones y de la gestión en el mundo empresarial el presente trabajo sobre inflación.

9.

Referencias

Anecoop (2022). *Memoria 2022*. anecoop.com. https://anecoop.com/wpcontent/uploads/2023/03/Memoria_2022_anecoop_WEB.pdf

Blanco Escolar, Roberto, Dmitry Khametshin, Álvaro Menéndez Pujadas y Maristela Mulino Ríos (2023). La traslación del aumento de los costes de producción a los precios de venta de las empresas no financieras en 2022. *Boletín Económico - Banco de España*, 2023/T3, 11. https://doi.org/10.53479/33474

Deloitte Spain (2022). *Barómetro de Empresas*. https://www2.deloitte.com/es/es/pages/about-deloitte/articles/barometro-de-empresas.html

CaixaBank (2022). *Cuentas anuales 2022*. CaixaBank.com https://www.caixabank.com/deployedfiles/caixabank_com/Estaticos/PDFs/Accionistasinversores/Informacion_economico_financiera/CCAA-GRUP-CAIXABANK-2022_CNMV.pdf

CaixaBank (2022). *Informe Financiero 2022*. CaixaBank.com https://www.caixabank.com/StaticFiles/pdfs/230203_OIR_Informe_Financiero_2022_es.pdf

CEPYME (2022, noviembre). *Indicador situación PYME*. https://cepyme.es/. https://cepyme.es/wp-content/uploads/2023/03/Indicador-CEPYME-Situacion-de-la-pyme-IVTri22.pdf

Expansión (s. f). *Activo monetario - Expansion.com*. https://www.expansion.com/diccionario-economico/activo-monetario.html

De La Cigoña, J. R. F. (2022). La importancia de tener liquidez en tiempos de inflación. *Sage Advice España*. https://www.sage.com/es-es/blog/la-importancia-de-tener-liquidez-en-tiempos-de-inflacion/#:~:text=En%20tiempos%20de%20inflaci%C3%B3n%2C%20las,realizar%20su%20ciclo%20de%20explotaci%C3%B3n

España, S. (2022, 6 octubre). Cómo afecta la inflación a las empresas y cómo pueden combatirla *SAP España News Center*. https://news.sap.com/spain/2022/09/como-afecta-la-inflacion-a-las-empresas-y-como-pueden-combatirla/

Esteban, N. S. (2022, 5 abril). La inflación golpea a la hostelería: ocho de cada diez locales sufren ya caídas de ingresos. *Vozpópuli*. https://www.vozpopuli.com/economia_y_finanzas/inflacion-hosteleria-ingresos.html

European Central Bank (2022, 22 agosto). ¿Qué es la inflación?https://www.ecb.europa.eu/ecb/educational/explainers/tell-me   more/html/what_is_inflation.es.html

Funcas (2023, mayo). Incidencia de la inflación en España en 2021 y 2022: ¿Cuáles han sido los hogares más perjudicados? https://www.funcas.es/articulos/incidencia-de-la-inflacion-en-espana-en-2021-y-2022-cuales-han-sido-los-hogares-mas-perjudicados/

García, A. (2018, 8 marzo). IEDGE - Impacto de la inflación en la empresa, tercera parte. *IEDGE Business School*. https://www.iedge.eu/aurelio-garcia-impacto-de-la-inflacion-en-la-empresa-tercera-parte

Iberdrola (2021). *Información Financiera 2022*. iberdrola.com. https://www.iberdrola.com/documents/20125/2931678/jga23_IA_CuentasAnuales_Consolidadas2022.pdf

Inditex, M. A. G. (s. f.). *Memoria Anual 2022 | Inditex*. Memoria Anual Grupo Inditex 2022. https://static.inditex.com/annual_report_2022/es/

INE - Instituto Nacional de Estadística (s. f.). *Tasa de variación del índice general nacional. Series desde enero de 1961(50911)*. INE. https://www.ine.es/jaxiT3/Datos.htm?t=50911

INE - Instituto Nacional de Estadística (s. f.). *INEbase. CONSUL*.INE. https://www.ine.es/consul/serie.do?d=true&s=IPC251856&c=2&%20https://www.ine.es/consul/serie.do?d=true

INE - Instituto Nacional de Estadística (2023). Nota de prensa 2023. https://www.ine.es/daco/daco42/daco421/ipc1123.pdf

Juan Roig (2023). Mercadona. *Carta del Presidente*. https://info.mercadona.es/es/conocenos/memoria-anual/carta-del-presidente

Mercadona (2022). *Memoria 2022*. info.mercadona.com. https://info.mercadona.es/document/es/descargar-memoria-2022.pdf

Munárriz, I. G. (2022). Pasivo monetario. *La Ciencia Económica*. https://www.lacienciaeconomica.com/pasivo-monetario

KPMG (2023, 12 marzo). Perspectivas España 2023. https://kpmg.com/es/es/home/tendencias/2023/03/perspectivas-espana-2023.html

KPMG (2022, 15 mayo). Perspectivas España 2022. https://kpmg.com/es/es/home/tendencias/2022/05/perspectivas-espana-2022.html

Revistas ICE (2022, Diciembre). Challenges for global monetary policy in an environment of high inflation: the case of the euro area. https://www.revistasice.com/index.php/ICE/article/view/7531/7589

Sobre los autores

Joaquín Añó Montalvá

Joaquín Añó Montalvá (1959) Economista. Auditor de Cuentas y Censor Jurado de Cuentas. Premio Extraordinario de Licenciatura. Profesor Universidad de Valencia durante 38 cursos, los 10 últimos antes de de jubilación con docencia en másters de Auditoría, Entidades Aseguradoras, Empresas de Economía Social y de Empresas Innovadoras. Docencia en licenciatura y grados en materias de Contabilidad Financiera, Análisis de Estados Financieros y Auditoría fundamentalmente. Profesor en másters de la Universidad Politécnica de Valencia de Cooperativas y empresas agroalimentarias, Inmobiliarias e Industriales. Profesor en materias de Contabilidad y Banca en la Escuela Superior de Estudios Empresariales (ESEE) del ISE de Valencia en el título privado de licenciatura, en cursos profesionales, formación a empresas y másters. Profesor en cursos de especialización en el Colegio de Economistas de Valencia, Agrupación territorial del ICJC de Valencia, . . . Conferenciante en España y en el extranjero. En el ámbito profesional ha ejercido la dirección general y gerencia en cajas rurales y entidades asociativas cooperativas. Miembro de Consejo de Administración, de Consejo Rector, de Comité de Auditoría, de Comisión Ejecutiva, de

Patronato, de Junta de Gobierno y de Consejo Asesor de empresas mercantiles, empresas cooperativas, Uniones y Federaciones de Cooperativas, Fundaciones, Asociaciones, Colegio Profesional, . . . Actualmente intento trasmitir las experiencias universitarias, profesionales y humanas a personas cercanas.

Álvaro Joaquín Añó Pérez

Economista, graduado en ADE, actualmente estudiante de Máster de Finanzas Corporativas en la Universidad de Valencia. Administrador societario de una empresa de intermediación de activos financieros. Socio de trabajo CTA de servicios profesionales. Apasionado de la Macroeconomía, negocios Online, análisis de empresas y de la eficiencia y productividad. Kaizen "MEJORA CONTINUA".